タブレット純の日本芸能イジン伝・その①

おひとりさま芸能人　エド山口に訊く！

タブレット純・著

山中企画

タブレット純の日本芸能イジン伝・その①
おひとりさま芸能人　エド山口に訊く！

もくじ

◆まえがき
～或る日突然、エド山口。

「地に足がついてない」はたまた「浮き足立っている」。ぼくが仮に「芸能界」という場所にいるとしたなら、常にそんな状態にあるといえます。ラジオで9年も共演…というか、番組の片隅に下宿させていただいているその家主、大竹まことさんには「最近、お前が床から浮いて歩いているように見える」と言われる始末。「お前がスタジオに入ると、気温が3度下がる」とも。まぁそれはそれで、自分という不可解な存在に、妖怪の位置付けをしてくださりありがたいことなのですが、この世界において、時に「この先自分はどうなるのだろうか」という不安に駆られることもあります。歌もお笑いも、全て中途半端な宙ぶらりん…。

そういえば大竹さんは、ぼくにではないのですが、後輩に対してこんなよいお言葉もかけられたとか。「オレたちに確たる居場所なんてないんだよ。しいていえば、呼ばれた場所が居場所になるだけさ」。かっこいい。つまり芸能人なんて、そもそも泡沫な存在ということ。そうふまえれば、何十年も泡として漂い続けている大竹さんご自身こそすごいと改めて思います。下戸でビールすら飲めないのに。大竹さんはさておき（さておくな！　と大竹さん）俯瞰すると、確かにこの世界、風のようにおもむくまま、前に出過ぎず、自分を達観しているような方ほど、息の長い活動をされていることに気がつきました。そんな水面を見つめていた時、非常に独特な葉脈を描く浮き草がぼくの心をかすめたのです。

エド山口さん。

お前に言われたくないよ！　を承知で書くのですが、エドさんの肩書きがなんであるのか、正直ちょっと掴み所がない。大竹さんと同じくして『お笑いスター誕生‼』出身者、この出自がエドさんの存在をぽこんと想起させたものと思われますが、では「お笑い芸人」なのかというとやや違和感が。もっとこう洗練された、「ミュージシャン」寄りというのか、寄りなんて失礼なんですが、むしろそこを超越している気もする。つまり総じて「エンターテイナー」に違いないのですが、そこもまたそんなに本気ではない、自分をパロディ化させている何か。常に人を食った笑いを提供し、それを養分にして自家発電しながら細胞分裂している、偉大なる「おひとりさま」。書くほどにどんどん変な渦に巻き込まれてしまうのですが、これもまたエドマジックか。そう、先ほど「自家発電」などという言葉が浮かんだのは、エドさんといえば切っても切り離せないのが「エレキ」。すべてを煙に巻くような肖像から、揺るぎなく窺い知れるのが、とにかく「寝ても覚めてもエレキ愛」であり、つまるところ「永遠のギターキッズ」というのが、エドさんに最も相応しい称号のように思えます。

ぶれないで、好きな事のみを追求し続けている意味での「求道者」。

そしてもひとつ、切り離せないのが「モト冬樹の兄」。このツールにもまたエレキが絡むわけで、そもそもは兄の影響でモトさんがギターを手にし、はたまたコミックバンドに引き摺りこまれてしまったのも有名な話。とはいえモトさんのご活躍を鑑みれば、それは迷える子羊たちを正しい方向へと導く親分肌の気質も明らかであるのかと。エドさんなら、ぼくのようなヘニョヘニョ芸人を正しくのらりくらり道へ導いてくださるのかもしれない（どっちもどっち?）。

ここで登場おわすは、〝ひとり出版社社長〟山中伊知郎さんです。売れるか売れないかもわからぬ本を、大手を振って返品の山を築く城主。彼の場合、地に足がついていないどころか、実は心臓に毛の生えた人物というべきかも。勢い余って、今日も今日とて鼻毛をなびかせながら、「エドさん、いいですね、やりましょう」と言うではありませんか。かくして、一見とってもバランスの悪そうな三人のアウトローによる、どこへ流されるかわからない船旅が始まったのでした。ギッチラコ、ギッチラコ……。

いよいよ
エド・タブ対談
スタート！

第一章

レッスンなんぞ受けるもんか！エド山口、我が道を行くギター少年時代を語る！

こうして、いつも何となく出船の綱ひゅるひゅるとほどけるがままに、ほの暗い海へと放たれる山中巡航船。ただの遊覧船か。もとより結び目が弱いのです。

待ち合わせ場所の東中野駅前へ行くと、山中さんとビート社長（ほぼ個人商店のようなうちの事務所の番頭）がすでにおでまし。そう、早くもエド山口さんとの接見が今日叶うのです！　正直「え？　もう？」という吉野家のような迅速さ。そして、それなりの緊張感をよそに、山中さんは開口一番。

「いやぁ、エドさんのマネージャーさんにね、『えっ。そんなに安いんですか』って言われちゃいました」

「……」

出版界の相場はわからないのですが、山中さんのことですから潔く低価格を誇示したのでしょう。ジャパネットたかたみたいに変に勿体ぶったりはしません。ともあれ、それを踏まえて、今日わざわざこうして、我々のテリトリーまで足を運んでくださるエドさん（こちらから出向かなくてええのんかい?）。きっと心の広い振り幅フリーダムな方に違いありません。

…ところでぼくは、エドさんにこれまで一度お会いしたことがあります（それを先に言わんかい！　すみません）。あれはまだ田渕純と名乗り純然たる歌手として活動していた頃、なので12～13年前でしたでしょうか。演歌歌手的なキャンペーン回りをしているその一環で、ラジオ番組へ。それが世田谷区のコミュニティFMだったので、エドさんの地元も何となく窺い知れたのですが、それが初めての出会いでした。その時、かねてからエドさんがGS（グループサウンズ）に造詣が深いことを心得ていたぼくは、予めドーナツ盤を大量に持参。本来なら自分のCDを事務的に一枚渡すくだりにおいて、「全然関係のないレコード」たちがスタジオに並べ立てられたのです。

「え？　ちょっと待ってよ、何、これ。あ、オックスのシローちゃんは今麻布で飲み屋やっててさ、ぺちゃらくちゃら」

…こうして当初は、ルーティーンの演歌ゲストをちょちょいのちょょいとテキトーにかわそうとしていたであろうエドさんの身を乗り出させることに成功したのであります。今回の企画もこの日の出来事が、頭の引き出しの片隅に、瓶詰めのまりものようにあって、むくむくと培養されたような次第。あの日無限に続いてしまいそうだった対話の、突然ぶり返された放課後みたいな、そんなイメージでしょうか？

そこには、あれから十余年の月日において、GSのOBの方々がばたばたとたおれていったことも胸にありました。エドさんは厳密にはGS人脈ではないけれど、失礼な言い方になりますが、実にしぶとく「一人GS」としての永住権をお持ちのような。フォーク界でいえば、「なぎらけんいち的」というか（なんだそりゃ）。そう、自らも演者でありながら、至近距離でその光と影を見続けてきたルポライターとしての眼光をも兼ね備えた稀有な存在。いずれは、そんなGS、ひいては芸能界のウラのウラを浮き彫りに、紙幅の許す限りそんな危うい岸壁にも近づいてみたい所存ながら、まずはエドさんご自身の〝製造工程〟にも実に興味が湧きます。なんで〝エド〟なのかとか。

先日、地方のホテルで、不意に目が覚めてしまった夜中の3時過ぎ。お酒の残った頭でぼんやり眺めた、つけっぱなしになっていたテレビには、TVショッピングで〝大熱演〟されているエド・はるみさんが映っていて、言い知れぬこの世の孤独感に包まれてしまったのですが、同じエドでも決してそんなことにはならないであろう、小粋にキャップを被った長身痩躯のエド山口さんが、ふわりと頼もしく目の前に降臨しました。ははぁ。

本籍が「山口」の江戸っ子だから「エド山口」

タブ エドさんが、裕福なお医者さんの一家にも関わらず、芸能の道に横に逸れちゃった、という話は有名ですが、そもそもがどういうお生まれなんですか？

エド ウチは東京ではオレで四代目。本籍は山口県の周東町。そこには本家寺があって、ＮＨＫの『ファミリーヒストリー』で調べてもらったんだけど、天正３年、松山にあったお城が落城して、近くにあった河野水軍と一緒に山口に毛利を頼って逃げて、追っ手の目を逃れるために、岩国と徳山を結ぶ周東町に隠れたの。

名前だって、「武藤」は藤原の系列だから、武蔵の国に来た藤原氏ってこと。ウチは藤原氏じゃなく、追っ手の目を逃れて作った名前だから「武東」。日本に一軒しかないはず。昔、大井町の洋服屋さんに「武東」がいるって知って電話したからね、ウチのオヤジ。そしたら、「実は武藤なんですが、ありきたりでつまらないと思って変えた」って。

それで第一次長州征伐があって負けて、第二次の長州征伐でしょ。四代前のひいじいさんが長州の抜刀隊に入って、参加して長州が勝って、明治になった。さっそく近衛兵に採用されたんだけど、明治7年に東京警視庁が出来ることになって「オレ、刑事になりたい」ってなっちゃった。あのころ、新聞にもひいじいさんの活躍が連載されてて、タイトルは『鬼刑事武東』って。けっこう難事件を解決して、築地警察の署長になった。

男の子が生まれなくて、養子にとったのがオレのじいさん。軍人。これは山口県の周東町から来て、生まれたのが医者になったウチのオヤジとその姉さん。それでオヤジの子供がオレと（モト）冬樹。だから明治から四代は東京だから、まあ江戸っ子でもいいんだけど、本籍は移さないでおこうと山口のまま。それでエド山口。

タブ　そうか、江戸と山口で「エド山口」なんですね?

エド　だからエド・はるみなんかとは違うんだ（笑）。で、もともとは築地に家があったんだけど、オヤジはそれ売って、巣鴨の地蔵通り商店街の奥まったところに家を買ったの。広さは120坪くらいで、半分は病院。あと半分母屋。だからオレは築

エドさんが小学２年の時の家族写真。父・晴一さん。母・秀子さん。兄弟二人は、まだギターを持つ気配なし。

地生まれで、巣鴨で育って、冬樹は巣鴨に引っ越してから生まれてる。

タブ お父さんが巣鴨で開業医をされてたってことですね？

エド そう、開業医。産婦人科の息子。だから小学校のときなんか「ワーイワーイ！産婦人科の息子！」ってすごくイヤな思いした。そんなオレの同級生が高校になった途端に「武東、頼みあんだけど。オレの彼女が・・・」って。そいつの彼女が妊娠しちゃったらしいの。さっそくオヤジに頼んで掻爬手術やってあげたりしたよ。当時、確か、その手術代としてオヤジに3万円渡したら、ひっぱたかれたよ。「自分の女のくせに人のフリしやがって」って、ホント、オレの女じゃないんだよ（笑）。

巣鴨の質屋でギターと出会い、中2の6月、ついに購入！

タブ 通った学校は名門・暁星ですね？

エド オレが入ったくらいだから、名門じゃないよ。小中高と行って、同級では先代の尾上辰之助、同期には景山民夫もいた。小学校だけだけど。あと弟は3つ下でグッチ裕三と同級生。あいつらは小学校1年から同級だから。でその2歳下に渡辺香津美がいる、ジャズギタリストの。
　こないだNHKの大河ドラマ『鎌倉殿の13人』に出てた坂東彌十郎さん、北条時政の、あの人も暁星なんだよ。松本白鸚さんも吉右衛門さんもみんな暁星。香川照之もそう。売れない時、うちの冬樹が面倒見てた。亡くなった中村勘三郎さんもそう。フジの『おはよう！　ナイスディ』の取材で小日向の自宅行って、オレ、レポーターなのに、向こうが「先輩」「先輩」って立ててくれるから、かえって困った。

タブ　巣鴨から、暁星のある飯田橋に通われてたんですね？

エド　巣鴨駅の改札出ると、中山道の新道があって、旧道の方が「おばあちゃんの原宿」の地蔵通り商店街。でもオレたちは「天国に一番近い街」って言ってたんだけどね。その真ん中を左に入ったところの住宅街の中にウチの病院があった。産婦人科って、表通りだと入りにくいんだよね、そうしないと昔は。
　超ビッグな有名女優がウチの病院に来たこともある。オヤジが血相変えて飛んできて、「あの大女優が来てる」って。オレとオフクロ、往診室の前に這って行って聞いてたら、オヤジがアガってて、「お腕おまくりになって、お注射いたしますから」って。何で来たかはわからないけど、まあ想像はつくな。病院が表通りにあったら、絶対に来ない（笑）。

それで中学になって、地蔵通り商店街に映画館がいっぱいあったのよ。寄席まであった。映画は日活もあって東映もあって、大映もあって、東宝だけはなかった。日活には行くなっていわれてたの、不良になるからって。

で、東映はいいと。だからチャンバラばっかり見てたね。そうこうしているうちに見ちゃいけないっていうと、やっぱり日活も見たくなる。渡り鳥シリーズとか、今思うと、すごく不思議だよね。旅行くのに皮ジャン着て、ガットギターを行司の軍配紐みたいので背負って、そんで旅してんの、いないよ。今いたらおかしいよ。キカイダーじゃねえんだから。

それで地蔵通り商店街、ウチに行く手前を右に曲がると青木って文房具屋があって、その前が質屋だったの。今はないけど。ガラスのショーウインドがあって、そこに質流れの黒っぽいダーティーな小さめのガットギターが飾ってあった。値段は1200円てついてて、ずっと飾ってあるわけ。何回も通るわけね。で、ついに6月の第4日曜日だよ。小遣いにぎりしめて、そこでそのギターを買ったの。

中学2年の6月の第4日曜。これは忘れられない。

タブ　1200円ていったら、当時、高い方ですか？

エド　加山（雄三）さんに聞いたら、「オレの中古は800円だった」って言うし、渡辺香津美に聞いたら「ぼくは3000円でした」って言うし、いろいろじゃないかな。

タブ　まだエレキではないですよね？

エド　もちろん。それにオレは医者の息子だから、質屋なんて入ったことないじゃない。入るの、めっちゃ勇気がいって、ガラっとあけたらカビくさい匂いがして、土間があって、だれもいなくて、何回か呼んだら、「おーい」と出てきて「ギター、まだあの値段ですか」「うん」「ください」って。「ぼく、紐いる？」って言われた。軍配紐みたいなの。今はストラップだけど、昔は紐で。ケースないんで、新聞紙に包んでくれて。それ持って家に帰って、これがオレとギターとの出会い。

アンプ代わりにオープンリールのテープレコーダーを

タブ　大きさはどのくらいでした？

エド　ふつうのナイロンギターよりちょっと小ぶりで、ピックガードが付いてて、ダーティーな感じで、小林旭になれるかなって気分だった。ナイロン弦。ネック細くてね。

タブ　レキントギターみたいな感じ？

エド　なんだったんだろ。あんなギター見たことない。それで巣鴨駅前の楽器屋行って、弦と教則本買って、『湯の町エレジー』とかでコードのおさえ方とかやった。6月だから、クリスマスまでには何とかしないといけないと思った。でも『湯の町エレジー』じゃ女のコにモテないでしょ。で、練習したのが『禁じられた遊び』だよ。ところがサビが難しい。だったらサビ前まででいいやって。それで翌年、夏にギターケース買って、女のコと江の島行って、堤防とかで弾くわけ。

タブ　中学生でですか？

エド　そうだよ。横に女のコがいなきゃ、ギターの意味がない。ただ、波の音がうるさくて、全然聴こえなかった。

それでもしばらくやってて、昭和38年か、ベンチャーズがシングル4枚、日本でいきなり出すの。『悲しき街角』とか『スキヤキ』とか。次々に4枚入ってくるんだよ。その時、初めて「なんだこれは？」と思った。

さらに翌年が39年の東京オリンピックだったの。その年の3月にいきなり『ウォーク・ドント・ラン』が来た。日本語で『急がば廻れ』ね。で、7月には「デケデケデケ」って『パイプライン』が入ってくる。それをラジオで聴いて、またまた「なんだこれは?」になった。これが関東ではテケテケサウンド。四国で言うとデンデケデケデケになるの。

タブ そういう映画もありましたね。

エド あの、『青春デンデケデケデケ』って映画のエレキのところは音楽監修はオレだからね。音楽は久石譲さんがやってたんだけど、アマチュアの四人を徹底的に鍛えて、弾かせるようにしたの。9日間、成城の東宝スタジオで。

タブ エドさんが最初に買ったレコードはベンチャーズ?

エド 違う。園まりの『夢は夜ひらく』と三田明の『美しい十代』。歌謡曲も好きだったのよ。ウチにステレオが来たのが昭和38年。当時、ポータブル電蓄とか使ってたのが、ステレオになった。下にスピーカーがあって、上にレコードだけじゃなく、ラジオも聴けて、ラックもついてて、LPも入るというのが。

試聴用レコードって、『セレサローサ』とか『希望』とかがインストで入ってるんだけど、ジャケットが、女が真っ裸で、ソファに寝て胸から腰にシーツかけてるみたいなのとか、どういう試聴用だよと思った（笑）。
それで説明書もあるわけ。ステレオの正しい聴き方って、わかんないから。右と左にスピーカーが分かれてるのなんて、これがのちにベンチャーズのコピーするときにものすごく役に立つ。

タブ あ、右チャンネル、左チャンネルですね。

エド そこで『パイプライン』が来て、さっそくガットギターからエレキに替えようとなったわけ。
で、ベンチャーズが全国6カ所ツアーで、40年1月3日、厚生年金に来たの。前座がアストロノーツとブルージーンズ。もう39年にベンチャーズが来るってことは聞いてたから、これはエレキ買うしかないだろうってなるじゃない。でも暁星はアルバイト禁止なんで、おカネ、どうしようかと思った。

タブ そのころはエレキ持ってる人って少なかったんですか？

エド 39年から40年にかけて、国産のエレキギターが死ぬほど出来る。ビクター、コロムビアをはじめ、ホントに音が出んの？　みたいなのまで。アンプも出て来た。だから橋幸夫さんの『チェッ　チェッ　チェッ』とか、ビクターのアンプ、ジャケットに写ってるから。トンボ鉛筆も木を削るの得意だし、家具の村内八王子が作ったり、木削ってギターの形にしてマイクつければいいんだって、みんな乗り出してきた。
オレも買わなきゃいけないんで、当時、国産でまあよかったのは、グヤトーンかテスコなんだけど。フェンダーの、ジャズマスターそっくりのがケース付きで3万円でモーリから出てて、それを買った。(「もくじ」の写真参照)
でも、一人だとテケテケできない。トッテトッテてやっても、メロディーが入ったら一人じゃできないでしょ。結局、トッテトッテがかっこいいんだから、もう一人いないとダメなのかなって。そこでまだ髪がふさふさだった弟(モト冬樹)に聞いたの。「お前、兄ちゃんとやるか?」「うん」ってOKしたのはいいけど、あいつはガットギターだから。エレキ買わなきゃしょうがない。オレ、質流れの1200円であいつは新品の6000円のギター買ってもらってんだよ。親はあいつに甘かったな(笑)。
オレが3万円のモーリ買って、あいつもほしいじゃない。今度は家庭教師の先生に2万7千円のケース付き、ヴォイスっつうの、買ってもらった。これはフェンダーのジャガーにそっくりで、今でも使ってる人がいる。パープル・シャドウズの今井さん、あのギターがヴォイスなの。二人でやるとなっても、でもアンプがないと。で、昔、オープンリールってあったじゃない、テープレコーダーの、あそこに差し込むと一応、音が出るんだ。

タブ テープレコーダーがアンプがわりになるんですか?

エド マイクに差し込むとね。それで音が出るんだよね。そんなことしてテケテケテケテケって。ガットギターよりよかったのは、夜中、オフクロとオヤジが寝てても、アンプ入れなければ音出ないから練習はバチバチできるわけ。

エレキブーム、GSブーム到来!

エド で、40年になってベンチャーズが来た。1月3日に見に行くの、学校に知れたら退学だけど、正月休みだから大丈夫だって。新宿東口の「ボア」、今でもあるか、縦に長いビルの喫茶店でみんな集まって、厚生年金まで歩いていった。おかしかったのは、外タレに対して、弱いんだあの頃。日本のライブバージョン聴くと、上品なんだよ。キャーとかワーッはやめようって。『ライヴ・イン・ジャパン』で聴くと、ピピッピピッてやるとみんな拍手。これ、外国の録音盤だと、ワーッてなってんのに、日本のはほんと静か。

タブ　リスペクトしすぎてたんでしょうか？

エド　みんなレコードコピーしてたわけよ、一生懸命。レコードは39年にきて、どんどん入ってるから。ところがパッと見たら、レコードとテイクが違うのよ。キーボードはいないんだけど、そこではじめてモズライトっていうベンチャーズのモデルを見るわけ。何だこりゃって。カリフォルニアの小さな会社で作らしたもの。世界ツアーする時はスタジオと違って四人しかいないから、クリーンサウンドだと迫力がない。フェンダーはどっちかっていうとクリーン。だからビシッとキメられるモズライトで来たわけ。

その音にまたビックリして、『十番街の殺人』の真ん中のサビなんて、キーボードでレオン・ラッセルとかが弾いてんのに、いきなりギターミュートで、あれでいいのかとか。ぜんぜんレコードと違うフレーズをするから。銀座・山野にモズライトっていくらするのか見に行った。そしたら27万とか28万もする。当時、フェンダーのジャガーも24万くらいなの。高かったの。とても高校生じゃ買えない。

タブ　今で言うと１００万くらいになりますか？

エド　それ以上かも。フェンダーアンプのツインリバーブでも24万くらい。確かあれから今も24万くらいだから、バンドマンの給料と楽器の値段て上がってないなって。高校生じゃ、諦めてモーリでいいやって。

タブ　大学は最初は和光大学ですね?

エド　和光と成城行くんだけど、その前にバンドやり過ぎて浪人するの。高3の時に、バンド組んで、成城、成蹊、青学とか集めた私立高校連立バンドみたいな。

40年6月にフジテレビで『勝ち抜きエレキ合戦』が始まるわけ。鈴木ヤスシさんの司会で、バイリンガルのジュディ・オングさんがアシスタントでデビューして、ベンチャーズがゲストに入ったりするの。その録音持ってるんだよね、大磯ロングビーチと三鷹公会堂の。オープンで録ったやつをカセットに落として、それをまたMDに落とすってめんどくさいやつなんだけど、あのころは日本人の外タレに対するのって、鈴木ヤスシさんでも「ベンチャーズ様、お願いいたします」で、「なんだよ、これ」だった(笑)。

タブ　鈴木ヤスシさんとは懐かしい。

エド　それで『勝ち抜きエレキ合戦』のあと、日テレでも『飛び出せエレキのニュースター』かな。確か3局くらいでエレキの勝ち抜き番組が出来るのよ。で、そこで勝ち抜いて上がったのがサベージ。寺尾聰さんがいたの。あとフィンガーズ。成毛滋くんがいた。

タブ 高橋幸宏さんのお兄さんもいた？

エド 信之さん。斉藤茂一さんて北杜夫さんの甥っこもいた。斉藤さんの弟が暁星で同級だから。茂一さんは大学は慶應。フィンガーズはすごかったね。でT－Cってできたの。東京インストゥルメンタルサークルって。月1くらいで目黒公会堂でコンサートやってた。フィンガーズとか、ヴィレッジ・シンガーズの前身のバンドとか。アマチュアで立教のビートニクスとか。

タブ ヴィレッジ・シンガーズとかはフォーク系ではなかったんですか？

エド もともとは、そう。フォークビレッジで四人で出てたの。でも林さんと小松さんとかいて、『暗い砂浜』『君を求めて』って出したけれど、3枚目に清水道夫さんたちも入って『バラ色の雲』になるわけ。

タブ その前の四人の時代の『暗い砂浜』はよく知ってます。

エド で、筒美京平さんが書いたのが『バラ色の雲』だから、いきなりスマッシュヒットだね。

タブ　だんだんＧＳの時代に入っていきますね。そうした皆さんとエドさんとの関わりは？

エド　オレはその頃はアマチュアだから。ＧＳは66年から70年で終わりでしょ。ワイルドワンズだって71年まで。『想い出の渚'71』で解散する。オレは70年に冬樹と裕三とリズム＆ブルースバンド組むし、ずっとその前も大学時代やってるけど、マイナーバンドなんだな。ほとんどＧＳなんか雲の上だったもん。結局、10年くらいしてオレがプロデビューした頃にＧＳも再結成してくるじゃない。最後の日劇の『ウエスタンカーニバル』、そのあたりからワイルドワンズと一緒に営業に行ったり、ヴィレッジ・シンガーズと営業行ったり。だいぶあとなのよ。ＧＳブームがバリバリのころは、彼らがメジャーでオレたちマイナーだから。冬樹は今でもＧＳの人達と会うと雲の上だから緊張するって。

名古屋の浪人時代も、勉強はほったらかし!?

タブ　で、大学に入る前に浪人されたそうですが、最初はお医者さんになろうと？

エド　ウチのオフクロは、お前は医者になれって。こっちは音楽のプロになりたかったの、その頃から。失敗したのは名古屋に飛ばされたこと。浪人で。河合塾ってあるよね。当時、名古屋駅前を始め、３カ所しかなくて、東京に進出してなかった。オフクロは何かしら調べて、すごい厳しい予備校があると。お前は友達が悪いんだ、やればできるんだって言って、飛ばされたのよ。

全国から、生徒を集めてたの。浜松から来てたり津から来てたりとか。仕送りが1万2千円。寮費が2千円で、食事は自前なんだけど、1食100円で喰えた。80円でトンカツ定食。ご飯大もりで100円。でも、30日喰ったら9千円。3食喰ったら、千円しか残らない。トイレットペーパーも自前だし、歯磨き、歯ブラシなんかも自前。タバコも覚えちゃって、足りる訳ない。オフクロに文句いったら、「月謝は私が払ってるのよ」って。やることはアルバイトしかないでしょ。

タブ　その時、ギターは持っていけずに？

エド　持っていけなかったね。当然、そんなことしたら大変だから。そうしたら中日ビルってビルがあって、テレビ塔のあるあたりで。前の年に出来たかかな。地上40メートルのビアガーデンがあったの。ニュー東京屋上ビアガーデン。そこで6月7月かな、時給100円でビールのジョッキ運びのバイトした。

当然、バンドが入ってるじゃない。チクショー、バンドやりたいな、とか思ってる。そしたらね、1カ月したら、「キミはエレベーターの整理係をやってくれ」って、カセットがかかるような小さいスピーカーみたいなの持たされて、それで喋るようになって。時給が120円に上がった。これが喋りの原点になったの。

「4番目のエレベーター、上がってまいります。入り口広くあけてお待ちください。降りる方が済んでから、お乗りください。いらっしゃいませ、いらっしゃいませ」「ニュー東京屋上ビアガーデン、地上40メートル、百万ドルの夜景です」「枝豆、ヤキトリ・・・、なお、風が強く吹いておりますので、お買い求めのチケットを風に飛ばされませんように、しっかり握って席までお進みください」。こんなの、毎日やってた。

タブ　凄い勉強になったんですね?

エド　原点なんだよ、喋りの。そのうちに、当時、名古屋には柳橋のエコーと今池のグランドキャニオンと栄のオスカーってジャズ喫茶が3カ所あって、そのグランドキャニオンで、あるバンドが出てて、ギターが病気かなんかで休んだんで、1カ月、トラ（代演）やってくんないかって誘われたの。どういう経緯か忘れたけど、地元

大学入学したばかりの頃。すでに路線の違いが。

のヤツとも付き合いあったから。

タブ　どういうバンドでしたか？

エド　ちょうどね、ウォーカー・ブラザーズがはやっているころで、テーマが『ウーリー・ブリー』だったのよ。そのジャズ喫茶って、ちゃんと幕とかあって、それが開くと、女のコが「キャーッ！」って。こりゃやめられないなと思った（笑）。

結局、名古屋には合わせて10カ月いたんだけど、栄養失調になった。そりゃそうでしょう。おカネないからインスタントラーメンばっかり喰ってたじゃない。19になって背中イテーな、なんでだろう、って理由わかんない。東京帰って、家の飯食い出したら途端に治ったからね。

タブ　ちなみに歌謡曲系は？

エド　もう、音楽漬けだったもんね。勉強ほっぽらかし。ベンャーズどうこうとさかんに言ってんだけど、歌謡曲も大好きで、そのころ、三田明、舟木一夫、西郷輝彦、そこらへんはレコードぜんぶ買ったからね。うちにまだあるよ。派生したアイドルっているじゃない。そういうのも追ってた。たとえば郷ひろみが出たら豊川誕みたいにいくじゃない。そうすると、三田明がビクターから出ると、叶修二がグラモフォンから出るわけ。もう死んだけどね、叶くん。

タブ　叶さんも故郷の新潟で亡くなられたみたいですね。

エド　青山三丁目の、ブラックビルで店やってたの、「修二」って。オレが芸能デビューした直後の84年ごろやってたよ。他にも川路英夫、久保浩が出たよ。『霧の中の少女』はむこうのペギー・マーチが歌うわけよ。これがパチンコ屋に流れると、よくタマが出たね。とにかく当時、舟木さんが出ると、後追っかけて誰が出るとか、必ずあった。

タブ　安達明さんとかも？

エド　『潮風を待つ少女』とか『女学生』とかね。

バンドボーイになんて、なりたくない！

タブ　医学部は全部ダメで、和光大学に入られたわけですね？

エド　しょうがないよ、勉強してないんだから。大学入った瞬間に受験がないし、さあバンドやろうとしたら、軽音楽部があったものの、エレキバンドは一つだけ。年は一緒でも、向こうは1年先輩にあたるヤツから「なんか弾けよ」って言われてペネトレーションとかやったら、「キミうまいね」って。たいしてうまかねーよ。当時は軽音楽っていったらフォーク主体でウッドベースとフォークギターだったし。

タブ　和光と言ったら早川義夫さんですね。

エド　ジャックスね。同い年で同じ頃。ナイチンゲイルってバンドもあって、フォーク系だったな。フォークロックかな。ジャックスは伝説のバンドだけど、接点はない。オレ、大学入ったもんだからうれしくなっちゃって、暁星の後輩で、大学入ったの全部集めて。小岩に住んでた曽我と台湾国籍の張くん、それと新宿・柏木の連れ込み旅館の息子の志岐、それに岩下ってキーボードとか集めてヴォーカルエレキバンド作った。

バンドの練習場所が困るじゃない。志岐の家が旅館だから、昼間は客いねーし、昼間使っていいって、応接間でやったり。

タブ バンドマンの練習場所がないって、よく聞きますね。

エド 高校2年で作った「ジ・アソーツ」ってバンドでも練習場は困った。それでメンバーでドラムのウチが沼袋の駅前で、不動産屋やってたのよ。踏切の横。電車バンバン通るから、奥の6畳貸してもらって、日曜日にやったり。

大学入ってからのバンドは旅館で練習して、やるからには仕事もらわなきゃって。六本木にゴトー企画ってあったの。芋洗坂のそばに、もうないけど。ヴァン・ドッグスがいた会社。それでそこの社長の弟と知りあって「キミら、いいね」って。名前も決めた、「フィフティ・ファイブ」って。メンバー五人だから。

タブ 時系列でいうとアソーツは高校時代で、フィフティ・ファイブが大学時代？

エド そうだね。大学入った瞬間にバンド組もうって暁星の連中集めて、組んだのがフィフティ・ファイブ。これをゴトー企画に売り込んだわけ。プロにはなりたくても、バンドボーイなんてなりたくないし。バンバンぶっ叩かれちゃうし。自分で音作って持ってった方が早いと思ってたの。そこらへんから要領がいいんだね。
すぐ朝霞の（米軍）キャンプの近くのゴーゴークラブの仕事入ったわけ。立川あたりのクラブはちょっと上品なんだけど、朝霞はレベル低い。やってるとGIがきて『朝日のあたる家』をやれって、ローリング・ストーンズの。知らないんだね、アニマルズだって。バカにしてたら、半月でクビ。理由はヴォーカルの発音が悪いって。しょうがないね、時代が時代だから。演奏はともかくヴォーカルがダメと言われちゃ。とりあえずギャラが払われないから、ゴトー企画に行ったんだよ。そしたら社長が「え、だってウチと契約してないでしょ」「それは弟が勝手にやってることだから」って、カネくんない。この日からデビューするまで芸能界を信じられなくなっちゃった。とりっぱぐれで、メンバーにも申し訳ないし。そうだよね。ブルーバードの510で朝霞まで張くんの運転で通って、みんなに申し訳ないよ、バンマスとして。

タブ　バンドは方向性として、アイドルバンドにしようとかはなかったんですか？

エド　あの頃はゴールデン・カップスのデイブ（平尾）さんなんかも言ってたけど、日本の歌なんてバカヤローって時代だったの。洋楽のカバーがやりたくて日本の歌なんてやりたくないわけ。でもデイブさん、あとでしみじみ言ってた。『長い髪の少女』なかったら、ゴールデン・カップスも名前残ってないって。
お子様だったからさ、あの頃、みんなステージでは洋楽しかやらなかったから。オレたちもまだリズム&ブルースじゃなくて、『ダンス天国』やったりとかアニマルズの『朝日のあたる家』やったりとか。

ついに大学もやめ、プロの道を目指す!

タブ　ビートルズ来日で、また流れが変わりましたか?

エド　昭和40年にベンチャーズの大ブームがあって、41年42年ビートルズも一緒にブームになって、オレらも、ビートルズが来てるから『マネー』とか、ストーンズ系もやったけど、まだリズム&ブルースはやってなかった。43年くらいからそろそろ黒人音楽が出てくる感じ。スティービー・ワンダーとか、ジェームス・ブラウンとか。それが完璧に盛り上がったのが44年。69年ね。だからズー・ニー・ブーなんか、もともとソウルバンドだから。かなりソウル系が出てきた。で、この5年間で変化がすごく激しい。

タブ 昭和40年からの4～5年だけで激変するわけですね？

エド 日本でまず、ベンチャーズがガガーッと来て『勝ち抜きエレキ合戦』でエレキ持ってないと男じゃない時代があった。ギターケース持ってただけでナンパできたんだから。41年はブルコメ、スパイダース、ワイルドワンズ、シャープ・ホークスが出てくる。サベージも。42年にはタイガース、テンプターズが出てくる。43年はカーナビーツ、ジャガーズが出てきて、44年にはオックスが出てきて、ズー・ニー・ブーも出てくる。45年にはもう解散だからみんな。44年にはもうみんながリズム&ブルースって言いはじめて、オレが裕三や冬樹とバンド組むのが45年。

タブ それがブルーエンジェルですか？

エド そう。大学に入ってバンド組んで、とりっぱぐれたじゃない。それでこのあとどうしようかと思った時に、将来、絶対にバンド組むぞ、と。オレはその時、リズムが大切だと思ってベースを勉強しようと。43年、大学で応援団と女のことでトラブルがあって、六人になぐられてアバラ折られて、奥歯抜けちゃったような事件があったの。校長だった梅津さんが、新設校で週刊誌に載ったりしたら大変だからって言って、治療費・慰謝料で40万円くれた上に成城大学文学部に移ることになった。でもさ、文学部行ったってやることないし、それでやめるわけよ。だって、成城っていったら、女のコがみんな「おとーま」「おにーま」なんて言ってて、なんだそりゃだよ。「おかーま」ってのならわかるけど（笑）。そんなところにオレ、医者の息子なのにあとも継いでねえんだから。大学もやめてやろうと。40万の慰謝料でフェンダーのプレシジョンベース買っちゃった。24万かな。もう、やるしかないんだな。

◆◆

いやぁ、「立て板に水」とはこういうことでしょうか、エドさんの喋り。実に言葉が淀みなく、ひとつ質問したらばぁーっと、ドンキホーテの爆買い中国人、そのレジペーパーのように出てくるわ出てくるわ。ぼくはいつしか「まな板の鯉」のように、ただ口をぱくぱく開けてるだけの人になってしまうほど。楽だしグンバツに楽しいのですが、ハテこれちゃんと本になるかしら？　そこもまた現状成り行きに任せるしかありません。時折山中さんに目を向けると、れいのミミズ文字速記の手が止まり何やら自問自答

の束の間が。おそらく頭の中は、

「これ、対談じゃないいな」

きっとそれに違いないい。ミートゥー。でもまぁよいでしょう。ここはひとつ佐良直美形式に乗っ取って、「いいじゃないの、楽しければ」。

ここにおけるハイライトは、予備校時代の名古屋にて、アルバイト先のビアガーデン。エドさんの喋りの原点が、エレベーター係に回されての、時給を20円上げたささやかな手持ちスピーカーだったことでしょうか。枝豆、ヤキトリ、そのチケットを風に飛ばされませんように……って最高です。ぼくの中で『枝豆のチケット』って曲がひとつできたほど。この本も風に飛ばされませんように。

なお、エドさんが和光大学でご記憶にあった「ナイチンゲイル」とはそのままジャックスのことです。アマチュア時代のお名前。現場では風に飛ばしてしまいましたが、この本にはきっとこんな「あとで輝く宝石たち」も散りばめられることでしょう。

第二章

バンドボーイなんかするもんか！エド山口。いきなりのバンド結成を語る！

ギターのお話の前に一言言わせてください。

ぼくは絶対にお酒をやめません！

は？

どうにか繋がればと思いつつペンを進めてまいりますが、最近自分のまわりで「酒をやめた」と言う方がちらぼらと現れ。いわく、「酒で迷惑ばかりかけてきたので」と。その決断は、同じヒドイ酒飲みとして素晴らしいに越したことはないのですが、いや、待てよ。

ぼくとて、自業自得ながら、深酒のせいで、沢山のものをこれまで失ってきました。物理的のみならず、人としての信用云々、そういった見えない大事なものまで。しかしながら、お酒によって、美しい夜も少なからず味わえたし、本来気弱なぼくにはあり得ないような素晴らしいご縁も授かってきたこともまた事実です。それを、いとも簡単に「やめた」と言うのは、例えば、さんざん愛用してきた古いギターを平気で粗大ゴミに捨てるような行為と同等なのではないか？

お酒同様、「扱い」という点において、ギターには未熟なゆえに恥もかかされてきたし、まるで一心同体のように忘我の雨を煌めかせた夜もありました。大酒飲みでもあり、またロックンローラーでもあった中島らもさんは、お酒を女性に喩え、それは扱いしだいで絶世の美女になることもあれば、とんでもない性悪女になることもある、というようなことを述べていますが、ギターとお酒はどこか似ているのではないか？　そこでまた思い出されたのが、「酒は本性を現すのではない、酒が本来人間が駄目なものであることを教えてくれるだけだ」という立川談志さんの名言。つまり生来人間はポンコツなのであり、やめたところで何になる。一度手にしたポンコツなギターは、形はどうあれ、一生弾き続けなければならないのです。あわよくば、上質な味わいになるまで。

…というような音色の可笑しさと哀しみを、エドさんのエレキギターに感じたのは、5年ほど前のことだったでしょうか。そう、ぼくはエドさん率いる「東京ベンチャーズ」のライブを生で一度拝見したことがあるのです（またまたそれを早く言えよ！　スミマセン）。連れてってくださったのは、大人の哀歓を酸いも甘いも心得た、あの弘兼憲史先生。そう、エドさんのバンドは、そのまま音になった〝黄昏流星群〟でした。

そんなエドさんもまた、ぼくと同じように、思春期に『禁じられた遊び』を弾きたくてギターを手にしていたとは！

人生はきっと、永遠に鳴り止まない「禁じられた遊び」なのです。

話は、大学中退して、ミュージシャンの道に進むところへ

譜面は絶対見ない！

タブ 本格的にバント活動一本にしたんですね。

エド 24万でベース買ったじゃない。で、コネを頼ってってたらベース募集してるっていうんで、横浜の桜木町のセンタービル4階の中華レストランに行ったの。4階ワンフロア全部が中華レストランだよ。そこでバンド入ってんだから。当時はそういう時代だった。

タブ どこのお店でもそうなんですか？

エド どこの箱（店）でもバンドが入ってた。で、ベースが三人いたの。オレが19か20で一番若かった。ピアノさんがいて、ドラムさんがいて、ギターさんがギブソンの箱を持ってて、ジャズバンドなのかなと。で、呼ばれて、一番若いからね。譜面出して、『イパネマの娘』だよって。それくらいは知ってるから、カウントが出ると思ったら、出ない。ギターからいきなり入ってくるわけよ。16小節目くらいになって、「ユーは、うちでは使えない」って。ギターじゃなく、ベースなんて簡単だとタカくくってたのに。あとでわかるんだけど、オレ、ボサノバを8ビートだと思ってたんだね。わかってないわけ。ガックリ来てケースに入れて。そのころホンダのN360、中古で友達から13万で買ったやつ乗って、帰るしかないかなと思ってたら、いきなり度入りのサングラス、スーツ着た人が、「ユーさ、うちのスーベが今月で上がるんだけど、うち来て勉強する?」

タブ　スカウトですね。

エド　この人、恩人だもん。岩本功二とムーディスラティーノってバンドで、西口のホール太洋って200坪くらいのダンスホールに出てたの。対バンがダン池田とニューブリード、途中で有馬徹とノーチェ・クバーナにかわるんだけど、ダンサーがいて、タキシードとドレス着て、誰が行ってもそこで社交ダンスが踊れるんだけど、なおかつ、半円形の上に飲食コーナーがあって、そこで食事もできる。酒も飲める。

ダンスホールっていっぱいあったのよ。ゴーゴークラブと違った、大人のワルツやタンゴ踊れるところにコンボが入ってて、そこに連れていかれたわけ。6時からのステージを30分見てて、8ビートが1曲もない。困ったなと思って、ベースのユキさんて人だったけど、あ、指で弾いてるって。当時はピックベースだったから、なんで指で弾くのかなって。

あとで楽屋行ったら、「来月、よろしくね」「よろしく」。みんな冷たいんだもん。オレでいいのかなと思ってたら、「制服作るから、明日また来て」。で、服作って、翌月1日ステージよ。コンボバンド。デカいステージで客席に向かって左にドラムがいるの。須知さんていって、目黒通りでお母さんが眼医者やってんの。母子家庭で。同じ医者の息子。オレがベース。で、オレの右前にバンマスの岩本さん。フルートとサックス。その右に太ったギタリストでナベプロで奥村チヨさんのバックやってた望月さん。その向こうにビブラフォンの榊さん。それでヨーイドンでいく時に、譜面は写してたんだけど、譜面見ちゃいけないんだよね。お客さんの前で譜面見て弾くなってこと。絶対、オレも東京ベンチャーズでやるとき、見ないもん。松任谷由実がやってバックが見るのはいいんだよ。でもビートルズが譜面見て歌ってるかって話になる。

タブ　譜面見てはいけないのがルールなんですね。

エド　覚えとけってこと。タイガースが譜面見てたらおかしいでしょ。

タブ　そう言えば見てないですね。

エド　テンプターズが譜面見てたら、人気出ないでしょ。だからもちろんアタマ叩き込んでたけど。忘れもしない。まだ上がったばかりでチェンジ曲がないわけ。そしたらいきなりバンマスが、「あるこい　マンボ　Gマイナー」って言ったわけ。『ある恋の物語』をマンボでGマイナーってことだと思うけど、すぐ入っちゃったわけ。でもこっちはマンボの打ち方知らない。どうやっていいかって4つ打っちゃったら途中でスティックで叩かれる。「ふざけんじゃねーこのやろう」って。「すいません、マンボってどうやって弾くんでしたっけ」とドラムの須知さんに聞いたら、「ルンバと一緒でいいんじゃない」って、そこから始まったの。それで給料は4万円。だから今の若い子、アルバイトしてライブハウス出て、スタジオ借りて練習して、持ち出しでしょ。あのころはカネもらって勉強できたのよ。

タブ　それはいいですね。

叩かれながら覚えた

エド　だからそのまま半年いたんだけど、次に行ったバンドで4万が6万になり、次は7万になるからね。だから今のコたちは不幸だなって。だってオレ、マンボも弾けなかった。8ビートと三連しかわからないんだから。問題は4ビート。チェンジ曲でワルツの『鈴懸の道』かかるわけ。その流れで鈴木章治とリズム・エースアレンジの4ビートを1曲目にやるのね、バンマスが。困るのはサビのベースソロなんだ。サビが地獄なの。蹴っ飛ばされる、アタマ叩かれる、お客さんの前だよ。「ジャストで弾くな！　ウチはハワイアンバンドじゃねえ」って。

半年くらい叩かれっぱなしよ。『カミン・ホーム・ベイビー』と『仔象のマーチ』と『ウォーターメロン・マン』だけが8ビートなんだよ。それは得意だと思って弾いたら、叩かれて「トニックだけ弾きゃいいんだよ」「ウッドベースじゃないですよ」「バカヤロー」って散々怒られた。今思うと装飾音符ばかりだった。

あだ名が「サイケ」だったの。サイケデリックなベースを弾くってことで。それで半年後のある日『鈴懸の道』で、ヤケクソでやって楽屋戻ったら、「サイケ、あれが4ビートだ。あれでいんだ」。その日から叩かれなくなった。

となるとダンス踊りに来ている女のコに目が行くじゃない。バンドマン用語ばっちり入ったからね。「エーマのナオンはレイキだ」（前の女はキレイだ）みたいな。内田裕也さんや尾藤イサオさんくらい入ってた。

タブ　それが20歳くらい？

エド　そう。そのあとロイ秋山とフォーナイツっていうバンドに呼ばれたの。

横浜の、その時、長者町五丁目の地下のクラブに入ったんだよ。『夜の銀狐』の斉条史朗さんが伊勢佐木町の「青い城」でホストやってて、曲が売れたんで出した店がそこにあったの。早い時間からそこにいて、深夜、斉条さんが来て、歌うわけ。オレらがバックで。それでお客さんの席についた彼が女の顔見て歌うの。オレはロック上がりだから「気持ちわりー。勘弁してよ」ってなって、その時に出会ったドラムが、のちに冬樹と裕三と一緒にやる山岸っていうの。で、いつも、「武東さん、ソウルバンドやるならオレ呼んでくださいね」って、そこで縁が出来た。

そんでそこのバンドやって、もうベースはいいかな、もう一度ギターの勉強しといた方がいいなと思って、伊勢佐木町にあった「ローリー」っていうダンスパブ。そこにアルトサックスの名手・中川武さんがいた。で、深夜は赤坂の「メイム」。そこには元シャープ・ホークスの小山さんが遊びに来てたり、とにかくいろんな人が来てた。

警察の手入れはしょっちゅうだった。六本木でも赤坂でも。深夜やっちゃいけないのにやっちゃうんだから。へたすっとバンマスは一晩留められて楽器没収とか。

タブ 今とはだいぶ違ってたでしょうね。

エド そうね。あの、何万といた箱バンの記録なんてまったくないからね。タイガースは記録が残ってても、ほとんどの箱バンはその後どうなったかもわからない。

当時はモニターがない。音の返しがない。アンプのナマ音だけでやってた。GSが大晦日に20バンドくらい集まって日本武道館でやった時なんか、1バンドのリハが5分とかだった。それでもやっちゃうんだから昔の人はすごいよ。センターボーカルは真ん中にいなきゃ、声が聞こえないもん。端っこだとダメ。モニター出来てから、変わってきたけどね。ハンドマイクもGSが最初で、橋幸夫さんなんかスタンドマイクでやってたよ。

そうこうしてるうちに、そろそろ自分のバントやんなきゃって。冬樹も裕三もバンドやり過ぎで浪人してて、なんとかしなきゃってなった。冬樹なんか、最終学歴は医大受験だからね。オフクロにも「お前は諦めた。でも冬樹は違う」って。裕三は玉川学園のバンドに入ってやってたけど、あの声はいいな、って、フィリピンバンドに対抗できる声なのよ。

タブ 独特の高音ですよね。

エド 「お前ら、バンドやんねーか」って聞いたらすぐ「やる」って。ただ冬樹はごねるの、裕三をヴォーカルにするって言ったら。「あいつはいじめっ子だから」って(笑)。「オレがなんとかするから大丈夫」って説き伏せた。

結局、ドラムの山岸にも電話して、冬樹と裕三をバンドに引っ張り込んだ。その責任もあって、家にいられないんで、銀座のミニクラブの女の青山一丁目の部屋にころがりこむの。何しろある大物俳優が結婚を申し込んだくらいの女。その女のお蔭で、ヤクザに追っかけられたりもしたけど。そこで練習した。こっちは喰えないし、彼女が面倒見てくれた。ヒモだ。なんとかバンドが固まるまでに稼がなきゃと、喰うためのバンドも別に組むことにした。その間、裕三と冬樹はデュオを組んで、渋谷「ジャンジャン」に出てた。ヴォーカル募集して、ダーク・フェローズにいた下角くんが来た。フルート吹けんの。六本木の旧テレ朝の地下にあったクラブに入ったね。ダンスフロアもあって、銀座のホステスもよく来るとこだけど、1カ月やったらギャラ取りっぱぐれ。しょうがないんで、渋谷の明治通り沿いにあった、明智十三郎さんって大映の元俳優が経営していたサルベージ会社に取り立て頼んでもダメだった。

タブ またダマされたんですか?

エド そう。そこでまた改めてバンド組みませんか、ってことになって「クールサウンズ」ってどうかなって。グループサウンズとクール・ファイブを合体させた名前でGSも歌謡曲もできますよって。下角くんは銀座で弾き語りしたいって言うし、最後はメンバーにカネ払って解散。オレは文無し。

ブルーエンジェルがスタート

エド で、いよいよ1970年秋から冬樹、裕三と組んで「ブルーエンジェル」が始まるんだ。9月にオーディションが飯倉あたりの「タートルクラブ」ってとこであった。営業時間中に下見に行ったらソウルフル・ブラッズがやってた。ドラムはあとであのアリスに行ったキンちゃん(矢沢透)でさ。キーボードもいる。16ビートで、冬樹と一緒に目が点になった。日本だとまだやってなかったんだな。

こんなバンドには勝てない。やれるとしても短期の「つなぎ」だなって。裕三の紹介で、立川の先の福生・米軍基地前にあった「ジャクソン」で中華服を作って、ズボンはヨコスカマンボ、いわゆる「スカマン」。エナメルの靴は新宿の丸井で買った。当時の丸井は現金払いだと5%負けてくれるの。全部女に出してもらってた。

タブ　そのあたりはスゴい。

エド　70年10月から「タートルクラブ」に入ったの。いきなりピアノトリオのチェンジ曲がワルツ。冬樹なんかまだアマチュアだし、簡単には弾けないの。オレがベース弾きつつ、スキャットでごまかしたり。「こんにちは」じゃなく「おはようございます」とか、「さよなら」じゃなく「お疲れさまです」とか、挨拶から冬樹たちには教えたもんね。

冬樹からしたら、「タートルクラブ」はバニーガールがいたのだけが思い出深かっ

ブルーエンジェル。エドさんがいないのは、写真の撮影者だったから。

たみたいだけど。裕三と冬樹の持ち歌やるしかない感じだった。冬樹はブルコメ、長谷川きよし、布施明なんか歌ってた。裕三はブルコメが好きで、玉川学園時代のバンドはブルコメのコピーバンドだったから。『ナオミの夢』なんかは、二人でハモってた。

タブ　どれだけいたんですか？

エド　1カ月で「タートルクラブ」をクビになって次のハコ探したら、渋谷の桜坂の地下の店に入れた。ヒマでカネもらえて練習もできる。

俳優の佐藤蛾次郎さんが常連でさ、あの人、『バラ・バラ』とかしか歌わないの。

次の店は新宿の花園神社のあたりにあった「ダンヒル」だか「カルダン」だか。ここには2カ月いたかな。深夜はトルコ嬢、今のソープ嬢か、それとホステスばっかり。トルコ嬢の方はカネ持ってるから女同士で来てて、ホステスは客の男連れてた。裕三はトルコ嬢にモテて、冬樹はホステスにモテてた。

裕三が風邪ひいて40度の熱が3日続いたことがあってさ。それでもリポビタンD飲んで、「センターヴォーカルだし、やり切らなきゃ」ってずっと歌い切った。本人も「あれで人生ちょっとやそっとじゃ大丈夫って自信付きました」って言ってたけど、おれも頭下がった。根性あんのよ。

タブ 事務所に入らずに、全部ご自身で仕事を探してきたんですか?

エド やっぱり事務所には入りたい。ただギャラとりっぱぐれのゴトー企画でコリてるから、自分で仕事探すしかない。横浜桜木町の中華レストラン、まだやってるかなって電話入れたら、オーディションやるっていう。オーディションには、ブルージーンズにもいたルイ高橋さんなんかも来てた。あの人、当時からうまいって有名で、「やばいよ、ルイさんいるよ」ってビビった。

こっちはもう『プラウド・メアリー』『オンリー・ユー』『前科二犯のブルース』(作詞・ジェームス三木　作曲・中川武)の3曲しかない。ルイさんは『アンチェインド・メロディ』かな、歌った。ところがウチの方が受かっちゃった。ルイさんは歌はうまいけど、テクニック凝り過ぎてこねくりまわすんだね。

タブ オーディションには強かったんですね。

エド 若いし、勢いはあるからね。ギャラは60万。キーボードを入れることで5万円増やしてもらった。ソウルバンドやるのにキーボードはないとね。ブルージーンズにいた、北海道の電気屋の息子の荒木に来てもらったよ。

待望の「MUGEN」には入れたものの

タブ　はっきりした目標はなかったんですか?

エド　出来れば新宿の「MUGEN」に出たい。経営しているのがダイタンチェーンて飲食店の会社で「MUGEN」に入るために本社にオーディションテープ持ってった。そしたら向こうは、いきなり「MUGEN」はダメだけど、「パプスキャット」ってところでどうか?　って。お酒飲んで踊れるとこ。これもまたオーディションがあって歌謡コーラスとポップス系の両方が来てた。歌謡コーラスのバンドは、絨毯の生地みたいなダサいジャケット着て、「はじらいエコーズ」なんてのが来てたな。こっちは朝丘雪路の『雨がやんだら』で、「あなたのステテコ　どこかにステテコ」みたいにちょっとコミカルなところを入れたら、それがウケたみたいで受かっちゃった。
　どこか面白いところもないとまずいみたい。そのうちに「MUGEN」に空きができたら入れるようにしてもらった。

タブ　やっぱりオーディションには強い。

エド　71年の4月かな、「パブスキャット」の木曜日にはゲストが入ることになってた。それでいきなり来たのが研ナオコさん。不細工なネーちゃんだなって。新人で「今度デビューした研ナオコです」って挨拶すんだけど、絶対に売れないと思った。で、6月7月に「MUGEN」に入った。

そのうちに、だんだんバンドの中で意見の違いが出てくるんだな。オレがレコード出したいって言ったら、裕三と冬樹は反対。あいつらはアマチュアから上がって来たんで、そんなに急いでなかった。

タブ　方向性の違いですか？

エド　バンドが解散するって、だいたい3つ。ギャラか音楽性か人間関係だよね。ウチのバンドはギャラと音楽性に問題はない。となると人間関係。どうしようかと考えた末に、オレが抜ければいいんじゃないの、と思った。ドラムの山岸にも言ったよ。「オレの代わりにベースを入れればバンドは成立するだろ」って。

12月には六本木の「アラビアンナイト」に入って対バンはなんとあのパラダイス・キング。

そこでブルーエンジェルはおしまい。オレの中では裕三のヴォーカルと冬樹のギター、山岸の重いドラム、これ以上のメンバーは望めない。「武東さん、自分だけ抜けたら、割喰っちゃうじゃないですか」って山岸に言われたりしたけど、もういいやって。

女だけじゃなく、男にもモテた⁉

タブ その時期も女性関係は賑やかだった？

エド 当然だよ。まずバンドやってたら女にモテなきゃいけない。裕三と冬樹も「女にモテるぞ」って誘ったんだから。もうやりたいさかりだよ。中2のときに看護婦の部屋に夜ばいにいってる人間だから、それからずっと。村田英雄さんが、電車の雑誌の吊広告で「やった女が5千人、使ったカネが5千万」って出てたのよ。見てて「スゲーな」と思ったけど、すごくネーや、一人1万じゃ。バンドマンだって、女の子ナンパできなきゃ。車も持ってなきゃいけない。その後だって、女がいないと。常にいないとね。今は70代半ばだけど、同棲5回、半同棲3回、結婚2回だから。

タブ やっぱり女性の原動力はあって、基本は音楽が好きでやってきたという？

エド　バンドマンと女は一体よ。昔はテーブルの下から5万とか出たんだから。「お小遣いよ」なんて。オレ、バンド解散した後も、1年、ヒモをやってた。自分でも稼いでたけど、8つ上のオバサンと付き合い出して、そのオバサン、婚約してた人が交通事故で死んじゃってた。一緒にいて、女としての絶頂を味わうことがなかったらしい。貯金通帳までもらって、2泊で山中湖いくと10万円くれた。それで映画行くと5万円。「私があげたおカネ、ぜんぶ使っちゃったでしょ」って。悪銭身につかずかな。銀座のミニクラブとかで全部使ったの、バレてる。でも、ヒモをやってても面白くない。

タブ　もうやめようと？

エド　だいたいオレ、オカマとも3回付き合ってるんだから。冬樹と裕三とバンド始めた頃、夜中、車で新宿から明治通りを走ってたの。そしたら信号赤で、追い越し車線の方に来たタクシーが止まって、黒ぶちのメガネかけたオカマが「おにーさん、どこいくの？　乗っけてって」なんていうわけ。それで「いいよ」っていうと乗っかってきて、大塚に「式部」っていう連れ込み宿があんだけど、入口にババアがいて、顔見知り。そのオカマと入っていったから、「どうしたの？」って。部屋入ったらいきなりキスされて、「お風呂入るからいらっしゃい。よく洗ってあげる」って言うんだけど、そのあと、何かおかしいなって、血だらけなの、口が。どうしたのかと思ったら歯槽膿漏。もうね、靴持って逃げた。それが1回目。

タブ 凄まじい体験ですね。

エド 同じ年、冬、小雨ふってる新宿の厚生年金裏まで女を送って明治通りを帰ったの。そしたら渋谷の交差点で朝の4時ごろかな。白いワンピースの女が歩いてるわけ。「送ってくよ」って乗せたら、のどぼとけがある。しょうがねえから「どこまで」って聞くと厚生年金の裏。今、女を送ってったばかりなのに、また戻って送ると、「おにいさんやさしいのね」って。オレが「ぼこちん取った?」って聞くと「まだついてる」「あ、そう」ってなもん。「やったげる」ってチャックおろすから、「やめろ、オレはそういうのは苦手」って断って、かわりに向こうをこすったら「あ、イク」って、なんでお前がイクんだよ、コノヤローって(笑)。

タブ もう1回あるんですね。

エド まだ冬樹と裕三とやってるころで、9月、赤坂の「マヌエラ」って、永井秀和くんとか松崎しげるさんとかが来た店に出てたかな。四谷から新宿に出て帰るルートで、ブルーのレインコート来たいい女が新宿駅のホームにいたのよ。それで日暮里までついてっちゃった、電車で。常磐線の４人掛けのところに座ったら、そいつ、「私、男よ」「ウソ。ホントかよ」。そしたら車掌がきて、この電車は急行で松戸まで止まりません、て。仕方なくて松戸まで行った。私鉄の改札まで送ってって。なんと、この人は『11PM』のオカマ大会で3位になった人。それからよく会ったよ、新宿の喫茶店で。

結局、何でも興味を持つの。しかし歯槽膿漏で血だらけはないよね。

裕三も冬樹も巣立っていった

エド　オレが抜けて、72年からは裕三が「サジテリアス」から「スリーチアーズ・コングラッチレーション」。冬樹は「ローズマリー」。

タブ　バンドには未練はなかった?

エド　バンドやってる彼らを見たら、オレもすごくつらかった。指が弾きたがってたから。

でも、ひっぱるべきじゃないと思った。

裕三はね、ていのいいオンチなんだ。『ひき潮』のメジャーセブンが取れないし、『オンリー・ユー』も最初の一発目がなかなかうまく出ない。バンマスとしては結構苦労したよ。

そういえば、一緒にバンドやってた71年だね、「ケンタッキーフライドチキン」と「マクドナルド」が日本に上陸したの。「MUGEN」に出てた頃、新宿通りにもケンタッキーが出来てて、いきなり裕三が「ケンタッキーって経営者日本人ですよね」なんて言い出したわけ。「でも人形置いてあるし、外人じゃね」ってオレが答えて、「MUGEN」のそばだったし、五人で見に行ったの。

それで「どう見ても外人だろ」って言ったら、裕三が「いや、古賀政男です」。もうあまりにクダラなくて、冬樹、あきれて道に転がったもんね。この頃から裕三には笑いの資質があった。

タブ そうか、もう50年前なんですね。

エド 「MUGEN」は中2階にステージがあって、あるとき、楽屋の裕三に、その筋の若いヤツが怒鳴り込んできたこともあったね。「てめえ、オレにガンつけてたろ」って。まさかと思って、「そんなはずはありません」とその場はおさめたんだけど、あとで裕三に「ガンつけてるわけないよな」と聞いたら「つけてました」って。危ないのよ。新宿だろ、何があるかわかんない。

タブ あぶない話って、ほかには？

エド 「MUGEN」から外出たら歌舞伎町だからね。ぼったくりバーのキャッチのオバさんとかいくらでもいる。毎日行けば顔見知りにもなるでしょ。「バンマス、今度うちの店来てよ。私がおごるからさ」。まさか顔馴染までぼったくりはしないだろうと真に受けて、行っちゃったんだ。風林会館のあたり。カウンター四人座れるだけで、オレ、酒飲めなかったから「コークハイください」って。雰囲気悪くて、誘ったおねーさんなんか、プイッて横向いてる。ヤバいと出ようとしたら、請求書ですって「4万円」。アイスピックをテーブルにドンと刺して、「お客さん、こっちも商売ですから」。しょうがないよ、付馬で、その頃住んでた大久保通りの部屋までくっ付いてきて、カネ払った。「よろしかったら、またご来店を」って、行くわけねーだろ。

タブ グッチ裕三さんもモト冬樹さんも、芸能界に入ったきっかけはエドさんが作ったバンドだったんですね。

エド　そういうことになる。けど、オレはレコード会社当たってデビューを考えてたのに、あいつらは乗り気じゃなかったんだよね。
冬樹はよく言うんだ。「オレはただ音楽が好きで、ギターが好きで、ギター弾きになりたかっただけ。でもそうなるともう遊びじゃなくてギターが仕事になるんだよな」って。あいつはカンがよくて、ボサノバでもすぐにできた。裕三は覚え悪かったな。『夜もヒッパレ』って番組でも水曜に音源もらって土曜本番で苦労してたみたい。そもそも裕三は譜面読めなかった。冬樹は最近は読めるらしいけど。

タブ　「譜面に頼るな」がエドさんの教えですもんね。

エド　あのころは「耳コピ」なの。フィリピンバンドなんかみんな譜面読めない。でも讃美歌の国の国民で自然にハモれる。当時はね、「完コピ」のバンドが「うまい」って言われてたの。ＰＡとかないから、「レコードかな」と思わせるバンドがうまいバンドだった。東京ベンチャーズでも、ずっとそれ目指してきた。「うまい」は「バランスのよさ」なんだよ。アマチュアはバランスが悪い。

そう、バンドマンたるや、譜面に頼るな、基本耳コピ。世の中の規律に惑わされず、自分たちのオッペケぺな感性のみを頼って独自すぎる旋律を出版界に垂れ流し続ける山中企画の理念にも通じる素晴らしい格言をエドさんから授かったのですが、しかし。このインタビューは基本山中さんの「耳コピ」によって復元されているハズながら、なんだかぼくの応答がいかにも間抜けです。

ハチャメチャたるエドさんの女遍歴、いやそれをも飛び越えた「オカマ遍歴」の応酬に際しても一言、

「もう1回あるんですね」

って白けすぎだし歯切れ悪すぎ。折角の歯槽膿漏も生かされてないような。ギャハハとか（笑）とかは、山中さんにとって〝余計な装飾音〟になるということでしょうか。勿論実際はすごく笑わせていただいたのですが、この不思議な間（ま）、〝沈黙の変奏〟もまた山中企画なのですね。……ってあれ？　よく見たらエドさんの項に（笑）があるじゃん。

そうだ、これは照れ笑いだ。

文字起こしすると少々ドギツイ下ネタに見受けられますが、エドさんの口の端にはい

つもこの光の屈折が見え隠れしていて、虫眼鏡を紙で焦がすような一条のペーソスが煙るのです。

そうして鑑みる、エドさんの言われる「バンドマンと女は一体よ」。これに関しては、ぼくがその最末期に在籍しましたマヒナスターズの伯楽たちからもその若き日の遊侠伝をどっぷりと聞かされておりましたが、すなわちどういう解釈が成り立つかというと、単に「女が原動力」ってことだけでなく、結局は音楽も恋愛も、適当に受け流すことが出来ない性情ってことなのではないか。前奏、サビ、後奏、それを女性にも求めるから、完結もしてしまうけれど、こよなく愛聴できる自分だけのベスト盤は生まれる。エドさんしかり、バンドマンはみな、セッションを得意とする孤高のおひとりさまな気がいたします。

それにしても、かの集団離村ドキュメント極北歌謡『大平エレジー』のはじらいエコーズが、伝説のディスコの殿堂MUGENに連なるお店のレギュラーだったとは！　いやがらせ目的？　というか、MUGENって今のダイタングループ…富士そばじゃん！　社長兼道楽作詞家・丹まさとさんのいい気な自伝があったかと思いますが、あれまさか山中企画じゃないですよね？　音のテイストは近いなぁ。

第三章

寄席やお笑いライブなんか出るもんか！
エド山口・「お笑いタレント」への道を語る！

〝半ドン〟って、きっと死語。ぼくが子供の時分は、まだ「土曜日は半日」が当たり前でした。午前中で授業は終わり、というやつです。当時は嬉しかったのですが、今の子供にしてみれば「何でわざわざそんな短時間のために学校行かなあかんのん」って感じでしょうか？　まぁそれはさておき、ぼくがこの半ドンの土曜日で思い出されるのは、一人でよたよた走って帰る己の姿です。ハァ、ハァ、息を切らしながら、ランドセルの中身はゴトゴト、くくりつけた体育着袋は行ったりきたり、体をポンポン……「一人ポンポン船」のような姿。

何故ぼくは急いでいるのか、それは『お笑いスター誕生‼』を見る為です。プロに混じって有象無象、アマチュアの人々も出場できる、その名の通りお笑い版〝スター誕生〟。ぼくは次から次と出てくる、不思議なおもちゃ箱のような芸人さんたちが好きで、スタートの12時には間に合わないものの、可能なかぎりその異空間をブラウン管から吸収していました。

その中に思えば、いまお世話になっている大竹まことさんがいたし、そしてエド山口さんもいたのです。

…但しぼくは、筋肉漫談のぶるうたすさんが好きでした。おしまい。

…じゃなかった！　えっと、なんといいますか、さすがに6才だか7才だかのぼくは、シティボーイズやエド山口さんといった〝オトナの笑い〟にはついてゆけず、やはりビジュアル的にいかにも可笑しいならず者にきゃほきゃほしていた次第で、当時からエドさんの姿は画面で見ていたけれど、丘みつ子・十朱幸代同一人物システムの脳内によって「ギターを持ったセント・ルイスの背の高いほう」といった認識でしかありませんでした。シティボーイズに至っては「インテリやくざ」でしかなかったような（皆さんスミマセン！）。

それから、すみません、場面はだいぶ変わりまして、30数年後、浅草東洋館の舞台袖で、次の出番を待ちつつ、ぶるうたすさんを眺めているぼくがいます。

あれ？

そう、ぼくはナンダカワカンナイけど気がついたら芸人になっていたのです。

とはいえその前の、歌手になった経緯とて、「玄関開けたら2分でごはん」のシバ漬け方式によって「スナック開けたら5分でマヒナ」という凄まじいタナボタだったわけですが（拙著『タブレット純のムードコーラス聖地純礼』参照）。

初めて目の当たりにしたぶるうたすさんは、見る影もない贅肉をだぶつかせた上半身を晒しながら、その裸とは関係なく森進一さんの『おふくろさん』を歌っていました。

…あ、これはぶるうたすさんの本ではありません、エドさんです。そう、我らがエドさんは、さらに磨きをかけたエレキギターを駆使して今も舞台に立ち続けていらっしゃる。

エドさんに限っては「ミュージシャン」と「お笑い」、そこには大した隔たり、大河の激流もなく、飽くまで「エド山口」として澄ましていらっしゃるだけのように見えるのですが、エドさんご自身はそこに如何なる哲学を抱いていらっしゃるのでしょう？その経緯を踏まえて、紐解いてみたい…。

「あんちゃん歌手から芸人になったんだ。へぇ、変わってるね。これからまた春日部のスナック戻んだけど、あんちゃんもよかったら飲みにくるかい？」

「すみません、今日はちょっとこれからヤマザキデイリーストアのバイトがありまして」

足を引きずりながら浅草の街から消えていったぶるうたすさん。あれから20年、ぶるうたすさんの訃報がほんのイヌフグリの香りのごとく、東洋館の楽屋を霞めました。

で、目の前にいるのは、エドさんです。

「会社員はムリ」と
語るエド。

会社員はまったくあわなかった

タブ　大学中退してからは?

エド　ほんのちょっと会社員やったりはした。先物取引の会社に勤めてて、「こんなのオレじゃなくてもできる」「バンドなら一人でもいないとだめ」って気付いた。会社では飛び込みをやらされるわけ、生糸の取引。「株屋さん?」なんて言われて。浅草のおばさんなんかに「こんなの前科者でもできるわよ。あんたには向かない。ゴム紐とか歯ブラシ売ってる方がマシ」って。昔、三宿の、大学時代に付き合ってた彼女のお母さんに相談したの。「あなたしかできないことをやれば」って。そこで音楽しかないと思った。やっぱり会社員やるより、自分しかできないことやるのがいいってわかった。そこでベースに転向しようと思った。カネだって、振り込みより、とっぱらいが、自分の価値を認めてもらってる感じがするし。

タブ　エドさんはどこでも順応できる気がしますが。

エド　だから何とかなるとは思った。会社員やめたのは、給料がよくないし、毎朝早く行くのがいやだったから。それでサボろうとするじゃない。ブルーエンジェルでも、よくなっていくと40万から60万、１２０万とかになっていって、オレが交渉するじゃない。うれしかったね、五人だったから。20万ずつでも20万あまって、車だって買えるぜって。

タブ　ブルーエンジェル解散後は？

エド　71年暮れの12月に解散して、さあどうしようかと思った時に、ベースのトラで歌舞伎町の風林会館の中のキャバレーでちょっとやってくれって言われた。ドンキーカルテット解散した小野ヤスシさんも入って来たかな。

36小節ドラムソロってあったわけ。オカマが踊ってるんだけど、ビキニのケツで、後ろ向きに畳んでるボコチンが見えるのよ。

そんなこんなで1年くらいトラをやってた。それでね、自宅から2分くらい歩いたところに「ミンク」ってスナックがあったの。そこで弾き語りしてくんないって言われて、ガットギター持ってって弾き語り始めたのよ。そこのマスターの結婚式で、オレは披露宴で司会してもあげたし、「ミンク」の常連の女性が、すぐ近くのマンションにいた。その部屋で麻雀するようになって、漫画家の谷岡ヤスジさんとかもいたの。いろんな人が集まってきた。

72年くらいかな、喜劇役者の若水ヤエ子さんがやっている赤坂のクラブで弾き語りしないかって。ヴァン・ドッグスの池ひさしさん（ヴォーカル）の紹介で、ギャラもまあまあなんで行ったけど、若水さんに言われた。「あんたみたいに歌がヘタなのはじめて」って。

タブ　いろいろあったんですね。

弾き語りは儲かる！

エド　同じ72年後半かな、ちあきなおみさんが『喝采』でレコ大取った年。中村泰士先生に呼ばれて、名古屋栄町にオープンする「セニョール・ピコ」ってところで弾き語りが欲しいって。10月から1月まで、月40万で行って、現金でもらった。そんなで帰ってきてからは弾き語りでいこうってなって、六本木で73年くらいからはずっと弾き語り。

タブ　弾き語りはお客さんの伴奏もしたり？

エド　お客さんが歌うと、すぐにキーを合わせられる。今、YouTubeでやれるのもあの時があるからスーッと出来るよ、コード進行も。
　当時の弾き語りは楽器あがりと歌手あがりがいて、楽器あがりはセンスがいい選曲をしようとする。歌手あがりは歌がうまい。けどギターはイマイチ。平野雅昭くんって『演歌チャンチャカチャン』をヒットさせた人がいたのよ。店やってて、「酒泥棒」って。自分の店でピアノとドンカマでレコード出したのよ。そしたら、小野ヤスシさんに「やったね」って勘違いされて、あれ、オレじゃないって。

タブ　エドさんなら、やりそうだと？

エド　「ちょっと待ってよ。そんなことしたら、すぐツブれる」って。「酒泥棒」は平野くんの歌で客が来る。ヒット曲でいっぱいにはなっても、すぐに飽きる。常連客はいやがる。押し寄せる客はすぐにいなくなってつぶれる。

タブ　弾き語りは稼げたんですか？

エド　稼げたね。24歳でカマロ買いに行ったからね。ディーラーの方が驚いたくらい。その頃、売れっ子なら、いいマンション住めて外車に乗れた。掛け持ちやってたらどんどんカネが入ってくる。五木ひろしさんだって八代亜紀さんだって、もう銀座掛け持ちで儲けまくってたみたい。6丁目の電通通りで、掛け持ちの最中で信号待ちしてた歌本抱えたドレス姿の八代亜紀さん、見たことある。北原ミレイさんなんかも銀座で歌っていた時に、水原弘さんにスカウトされてさ。本人は『サン・トワ・マミー』なんか歌ってたのが、いきなり『ざんげの値打ちもない』だろ。イメージ壊すから絶対笑うなって大変だったみたい。

タブ　みんな実力派ですね。

エド　五木さんいわく、「弾き語り殺すにゃ刃物は要らぬ。雨の3日も降ればいい」って。掛け持ちで移動するだろ。チャリンコの人もいたくらいで。衣装もあるし、雨の日は特にキツかったんだ。

タブ　バンドの夢はどうなったんですか?

エド　そっちもやってた。オレは、やっぱり、バンドもやりたいから。週1で弾き語りやってた「ケントス」で、月1回，元ヴィレッジ・シンガーズのドラム・林ゆたかさんたちとバンド組むことになった。オックスの岡田志郎ちゃんは釣り仲間。パームスプリングスって名前で組むことにして、ゆたかさん、ギター志郎ちゃん、オレ

弾き語り時代。右は元オックスの福井利夫さん。日付はくしくもロックの日ながら、この直後、“芸人”に。

もギターでヴォーカルに弾ともや（現・生沢佑一）、キーボードとベースも入れてオールディーズバンドを作って遊んでた。で、「ケントス」の副社長だったゆたかさん、全国に「ケントス」が出来たから、パームで回るわけ。

「ケントス」ってもともとフランス料理店だったの。何で「ケントス」っていうかっていうと、三人でやってて、そのうちの一人の子供がケントだったの。で「ケントス」。で、赤字になって二人が抜けて。一人だけ残った。それで林ゆたかさんが「だったらライブハウスにして、バンドでもやろう」って。

そのとき、オールディーズって言葉はなかった。ただ、「ケントス」でライブやったら行列ができたの。オレは弾き語りと同時進行でやってた。

あのB&Bの事務所から声がかかる!

タブ 芸能界入りのキッカケは?

エド 新宿の区役所通りの店の雇われ社長やったり、テレ朝の前の店の雇われ社長やらされたりして、でも弾き語りもやってて、その後、六本木の「ジューンブライト」って店でやってた。人気のある店で、松崎しげるさんとか小野ヤスシさん、荒井注さんなんかも来てた。ずっと弾き語りしてて、オレが30くらいになった頃、六本木の交差点で信号待ちしてたら、松崎しげる氏が言ったの。「エドさぁ、もう行くっきゃないだろ。マイナー、アマチュアの先頭じゃなくて、メジャーのバスに乗んないと前に行けないよ」って。オレ、六本木の弾き語りとしちゃ人気あったし、安住してたのかも。そこで、ちょっと考え始めた。

タブ 「エド山口」の芸名にはなっていたんですね?

エド　それはなってた。74年ころオレが出てた店で歌手の愛田健二さんがお客さんで来てたの。京都の浅田歌謡学院のご子息で『港の五番町』ってシングル出した頃で、「ショーにちょっと出てくんない？」って言われて、芸名考えなきゃいけないって、最初に浮かんだのが「なまずいくお」。口髭をはやしてたから。ただ、ショーでこれはダサすぎるなって、江戸と山口で「エド山口」にした。

最初はエドを漢字で、山口をひらがなにしたら、「江戸家猫八」一門と間違えられちゃった。で、だいぶあと、何かで紹介された時、「江戸家やまぐち」にされちゃったりして。これはマズいって「エド」にして、あとはエドと山口の間に「・」を入れるかどうかで、画数を見たら、入れない方がいいって。運勢見たら、芸能では成功するが、女には気を付けろ、って。それから六本木ではずっとエド山口でやってた。

タブ　すぐ「お笑い」には行かなかったんですか？

エド　ネタもなかったしね。『月光仮面』や『ハリマオ』はやってたけど、笑わせるつもりじゃなかった。六本木で弾き語りやって、MCもけっこうウケてたのよ。79年のはじめ、元アイドルやってた歌手が一人で歌ってたの、オックスの福井さんの「ローズマリー」って店で。彼をスカウトに第一プロの岸部社長が来てて。「社長、あんなトウのたったアイドルより、こっちのおじさんのが面白いんじゃない？」って、歌手の内田あかりさんが言ってくれて。翌週にはスリーファンキーズにいた藤健次さんが来て、社長は「いつまでもスリーファンキーズじゃねーだろ。エドのマネージャーやったら」って。それで第一プロ所属。2年いた。社長室によく遊びに行ったり。そこでアイドルデビューしたのが今のカミサン。

でも藤健次さんって元スターだろ。制作のところに行って、「今度、エドってのやるんだよ」って、それだけ。これじゃ仕事来ないよ。浅草国際劇場『新沼謙治ショー』10日公演とかそれくらいしか入らない。これじゃしょうがねぇなと思ってたところにB&Bの事務所から声がかかった。

タブ　いきなりですか？

エド　「ケントス」でバンドやってて、ヴォーカルの生沢佑一のファンでB&Bが来てたわけ。そしたらMCのオレのこと、「あのヤロー、うるさいヤローだな。よく喋りやがって」って思ってたらしい。オレも、よしゃいいのに、彼らを「あ、ツービートだ」なんてツッコンじゃってたし。するとB&Bの事務所の社長が来て、「あのMCやってるエドってやつ、よく聞いたら面白いんじゃないの」って。B&Bのマネージャーが「『お笑いスター誕生!!』に出てみませんか」ってきたの。

タブ 戸崎事務所ですね。そこから『お笑いスター誕生!!』出演につながるんですか？

エド 当時は一応、第一プロ所属だから、別のとこに声かけられてオーディション行くのでも「裏仕事」になっちゃう。そこで、岡田志郎ちゃんから無理やり頼まれたから、って形にしてオーディション受けにいった。

『お笑いスタ誕』で、本格的芸能界デビュー！

タブ いよいよ『お笑いスター誕生!!』のオーディションですね。

エド オーディションが麹町の日本テレビの別館であって、デラックスリバーブとフェンダーのムスタング持って行った。赤尾さんて人が仕切ってて、オーディション会場50人くらいいる。7分でネタをまとめてくれって言われて、一発目は『月光仮面』でいくことにした。『月光仮面』のシーンを再現するヤツ。

会場にはそのまんま東やおぼん・こぼん、九十九一もいたな。プロアマ混合だから。

タブ 公開でオーディション？

エド　そう、みんないる前。でも、みんな笑わないわけよ。敵だから。あの雰囲気でネタやるのは根性いるなと思ったね。そんでね、ABCとランク分けされてて、Aは来週また来い、Bは2週間後に来い、Cはもう来なくていい。で、オレはAをとって4週くらい行ったのかな。そしたら赤尾さんに呼ばれて、「エド、行くよ」って。当時、他に楽器モノがなかったからね。

タブ　他にどんな人が？

エド　でんでんなんてちっとも面白くなくて、3週くらいでモタモタしてた。コロッケもいた。でもあのころは声なしの当てぶりで、ちあきなおみや岩崎宏美やってグズグズしてた。イッセー尾形もいたな。

タブ　けっこう豪華なメンバーですね。

エド　六本木のマイナー時代にはネタなんてやったことなかった。六本木でシャープ・ホークスのサミーさんから、ある店のオープンで「エド、ネタできる？」って。子供の頃からの面白いことすべて入れて、いろいろやってみたけど、3カ月後に気付くの。「ネタは1個あればいい」って。

そしたら、その店に偶然、菅原文太さんがポンと入って来た。誰もいない時でさ。

それでいきなりしょうがないんで、成田三樹夫さんと田中邦衛さんのモノマネやったの。『県警対組織暴力』の。終わったら文太さんが「フランス行ってて、マイク1本で喋って、終いにはコードで体がグルグル巻きになる芸を見て来た。ああいうのやれや」って面白がってくれた。

ソロデビュー後、『酒井広のうわさのスタジオ』って斉藤慶子がアシスタントデビューした番組で、オレ、レポーターやってたんだけど、冬、文太さんがゲストで来て、みんなそばに寄れないの。で、オレが行って、「なんとか喰ってます」「うーん、よかったじゃない」。あとで山城新伍さんに会ったら「何であの人は東北の人間なのに、普段から広島弁なんだろう」って（笑）。

タブ　『お笑いスタ誕』は、滑り出しは順調でしたか？

エド　1週目は月光仮面ネタでいって、また次どうしようか考えた。岡田志郎ちゃんが「あれ面白いんじゃない？　加瀬さんのネタ」。「そんなマニアックなネタはまずいよ。加瀬さんがブルージーンズやめたって話だろ」。でもやったら、通った。

次、3週目、4週目どうしようかと思った。月光仮面とか加瀬邦彦とか古いことばっかりやるから「原点男」って言われたな。三週目は歌謡漫談。

タブ　どんなネタですか？

エド　杉良太郎さんの『すきま風』を歌って、遠山の金さんのお白洲シーンをやった。で、戸崎事務所の社長からは「審査員をいじったら絶対落ちるから、やるな」と言われてカチンとキレて、審査員いじりまくろうって決めてた。

まず鳳啓助さんには、「鳳啓之進、役職の身にありながらご金蔵破りに加担せし罪、許し難し。よって市中引き回しの上、即刻獄門打ち首」って言ったわけ。横に京唄子さんいるから「情婦お唄、相変わらず口がでかいの」。もう、社長は「落ちた」と思ってる。で、「車引きの八郎太」って東八郎さんのことを言ったの。「病気の親の薬代ほしさとはいえ、頭が悪いばっかりに入ってしまった悪の道。小石川養生所に送る。頭を直して出てまいれ。親子仲良く暮らせよ」「どもアリガトウゴザイマシタ。お奉行様、アリガトゴザイマシタ」っていじりまくったの。そしたら、落ちると思ったのに落ちなかったんだ。東さん、「なんかしれーっとイジられて面白かったよ」って。赤塚不二夫さんも「おもしろかったよ」って言ってくれた。

タブ　テレビは昔の方が自由だったんですね。

エド　それで翌週、あさま山荘やったの。自分でエコーチェンバー持ってきて、自分ののマイクつなげて、エコー掛けたり、キャバレーの呼び込みみたいな割れ音にしたり。それで現場中継やる。エコーで「坂東国男出てきなさい」なんて。そしたらまた通っちゃった。

そんで5週目、堀越学園のネタやった。「堤大二郎くん、バンド用語で答えなさい」なんてつまんないネタやった。6週目は「クイズしらんぷり」の「イントロ曲当てクイズ」ってことで「私、イントロをギターで弾きますから、当てたらこのギター差し上げます」なんて言って。それで出だしは『恋の片道切符』弾いて、正解は「しばし別れの夜汽車の窓よ」の『高原の駅よさようなら』にしちゃったり。これ、キャバレーでやって灰皿投げられたネタだけど、6週目も通った。

それで7週目、8週目ときた。8週目はウルトラマンタロウネタ。あのタロウの母は胸が出てるが、服なのか、皮膚なのかってこだわってみたり。

タブ　その時はまだ第一プロ所属?

エド　もうここらでB&Bの戸崎事務所の社長から、「うちにこないか」って。10週勝ち抜いたからって売れなかったのいっぱいいるし、実は6週くらいで、『オールナイトニッポン』の二部やるのが決まってたの。こりゃまずいって、第一プロの岸部社長んとこには話さなきゃいけないと。それでさっそくカクカクシカジカでB&Bの事務所に移籍したい、って頭下げた。そしたら社長、あっさり承諾してくれた。「うちはね、いつもめっけてきちゃ、人に取られちゃう。西郷輝彦もそうだった」なんてグチってたけど。まあ、『お笑いスタ誕』出演が、実質的な芸能界デビューってことかな。

◆◆◆◆◆◆◆◆◆◆◆◆◆◆◆◆◆◆◆◆◆◆◆◆◆◆◆◆◆◆◆◆◆◆◆◆◆◆◆

へぇ。若水ヤエ子って赤坂でクラブやってたのか。インディーズ歌謡、〝アングラレコード〟の司淳が歌う『許してください』の作詞が若水ヤエ子なのが長年謎だったけど、たぶんその店に出てたクラブ歌手に富士そば社長方式で肩入れして作詞してあげたとかそんなセンだな、うん、これで謎が解けた。

…業務連絡。山中さん、この本大丈夫でしょうか？

山中企画で本をつくっていて、必ず一度はのしかかるこの暗雲。

エド山口を最初に名乗った舞台は愛田健二の前座とか、小野ヤスシに平野雅昭と混同

お笑いで開花。「笑パーティー」にも、こんな人いたなぁ。

される等々、次々と出土するいい湯加減な芸能人の名前にぼくは小躍りするばかりですが、気がついたら周りに誰もいなかった衝撃。小4の時の「緑屋デパート府中店」のように。まもなく、緑屋は潰れました。

しかし、緑屋といえば「月賦」です。こまごまと成果を積み重ねてゆけば、必ずゴールへと結実するのです。こらっ、山中さん、ゲップしてる場合じゃありません！

何の話だ。

そうです、エドさんとぼく。折々意外な共通項があることが窺い知れ、ドキリとさせられます。ぼくもたった一度だけ就職したことがあったし（「うたごえ喫茶」という特殊な環境でしたが）、エドさんのいわば〝温床〟となった「第一プロ」にも身をかすめたことがありました。

マヒナスターズのメンバーとして、1年は過ぎた頃だったでしょうか？　突如連れていかれたのが、「(株) 第一プロダクション」と、ひなびた電光看板を側面にひっつけたビル。大体予測はつきました。その頃マヒナは個人事務所、というかリーダーの住む上野毛のマンションの一室のみを拠点に自転車操業しているような有り様。窮状を打破すべく、その人脈とネームバリューで、或りし日の古巣を頼っているのだなと。

しかし今にして思えば、かつては隆盛を極めたであろう老舗・第一プロも風前の灯だったように思えます。千昌夫さん、小林幸子さんという両巨頭もその頃はすでに去り、薄暗い地下に現れた老社長も、申し訳ありませんが、〝落箔〟の陰がちらほら。車選びを間違えるなみたいな、えっと……徳大寺有恒！　あの方をさらにギュッとコンパクトに

宣材？　メガネに“80年代”がにじむ。

した、「徳大寺マトリョーシカの中身」みたいな印象だったかと記憶します。第一プロ側から女性二人、日本人とフィリピン人のユニットとマヒナを組ませる案が成され、その場で面会があったのですが、それこそ場末のフィリピンパブのように会話が一向に盛り上がらず、そのままフェイドアウト。あそこ、ぴんからトリオの『女のみち』一発で倒産の窮地を救うどころか自社ビルまで建てちゃったという、〝ぴんからビル〟と揶揄された建物だったんだよなぁ。

ひょっとしたらエドさんも、ぴんから目的で第一プロに拾われたとか？

ぴんからはお笑いが原点ですが、エドさんもまた、音楽は勿論原点にありながら、「まぁ『お笑いスタ誕』出演が、実質的な芸能界デビューってことかな」とあるように、お笑いとしてのキャリアが重要な位置を占めています。そしてぼくもまた、ひょんなことからお笑いにスカウトされ、『演芸パレード』というオーディション番組が、ゲーノー界においては実質的なデビューとなりました。

ぴんからトリオの名の由来はピン（芸人）からトリを取れるようになろうとの意を込めたそうですが、ぼくもエドさんも今、通りを外れて山中企画という暗中模索の裏通り。この本、ついにまた〝定位置〟を確保してきたような……。

第四章

もらったオファーは断るもんか！エド山口。「一家に一台、エド山口」を語る！

「マルチタレント」と聞いて、パッと思い浮かぶのは、大橋巨泉さんです。

もっとも「マルチタレント」もまた死語な気もしますが。複数の〜を意味する〝マルチ〟から転じて、「多芸多才な芸能人」といった意味合いでしょうか。そこに巨泉さんがピタリと嵌まります。じっさい、〝マルチタレントのはしり〟、そんな肩書きで称されることもあったような。

しかし。考えてみると巨泉さん、そんなに「多芸多才」な方だったっけ？

思い浮かぶのは、二枠の斎藤慶子を、その日のうちに「慶子」と呼び捨てにするあの感じ。物心ついた時から、テレビの箱の中にいた巨泉さんですが、幼な心の雑感として「偉そうにしてるけど、この人何者なんだろう？」。そんな疑念がついて回りました。何せ名前からして「巨大な泉」だし。その名の通り、よくわからないけどドデンと存在して、山の頂きに絶えず湧き続けている何か。巨泉さんにおける〝マルチ〟とはピラミッド型に子飼いをして巧みに財を成す、「マルチ商法」のそれに近かったものかも。そのいかがわしさ、胡散臭さを含めて、非日常を演出し続ける彼を我々は結局愛していたのかもしれませんが。

泉つながりでいえば、泉ピン子さんもまた、彼女の場合本来は純粋なマルチタレントであったはずなのに、頂点を陣取りシャネルを買いすぎました。もっと『ウィークエンダー』のシモネタ話芸でまっぴら君こと加藤芳郎さんにひと泡吹かすべきだったかと。おかげで加藤さんは、木の葉のこと「養命酒」を舐める晩年となったわけですから。

何の話だ？

そう、我らがエド山口さんです。

エドさんもまた、『ウィークエンダー』でレポーターをしたり（すみません、おぼえてないけど）、ラジオDJとして看板番組を持ち、はたまた作曲家として一発当てたかと思えば、二時間ドラマで役者もやる。エドさんこそ、真の「マルチタレント」ではないのか？

「器用貧乏」？　違います！　エドさんの場合、どの道を歩いても地に足がついてしまうのです。趣味の釣りでさえ、その座っていた切り株から適当に稼いでしまう。どだい開業医のご子息、何事にも「品がある」のです。

何をやっても地に足がつかないぼくは、さしずめ「マルチ貧乏」というべきでしょう。マルチの語源は、畑のうねを藁やビニールシートで覆う、といった保護的な行為なのだそう。農作業をしないのでよくわからないけど、それによって、地温を調節し、土の乾燥や水の蒸発を防ぎ、雑草を生えにくくするという。

これこそ、芸能界におけるエドさんの立ち位置、というか「座り位置」なのかもしれません。普段は気づかなくても、風雨の果てに守られた苗木たちを見る時、ひとはエド山口に気がつくのです。おひとりさまで頑固に畑を守り続けているその姿を。

エドさんは果たして今、何を守り、何を育てているのでしょう?

これから
一杯飲みながらの対談も。

『オールナイトニッポン』で大暴れ

タブ　いよいよエドさんの快進撃が始まるんですね。

エド　82年の10月に『オールナイトニッポン』、一部が坂崎幸之助くんで二部はオレ。途中から一部は高橋幸宏さんになって、オレのあとが白井貴子ちゃん。で、『オールナイトニッポン』が始まったと同時に『酒井広のうわさのスタジオ』で斉藤慶子ちゃんがアシスタントでオレがレポーター始める。それと『ワイドワイドフジ』。高見恭子ちゃんとデビューが一緒。全部、生放送。

成人の日ってそのころは1月15日だったけど、20年前はどんな歌が流行っていたでしょう、というコーナーで三田明さんと舟木さんと西郷さんがお見えになったのかな。昭和38年が三田さんデビューだったし。そこでオレが司会したわけ。それで面白いなって、火曜レギュラーになった。10時から11時までがローカルで、11時半

車は、若い頃から凝りまくっていた。

までは全国ネットなんだけど、橋幸夫さんの奥さんとフジのアナウンサーがやってて、オレのコーナーはナツメロと中メロで、井沢八郎さんが来て『あゝ上野駅』歌ってもらったり、あいざき進也くんが来て『気になる17才』を歌う、安達明さんが来て喋って歌ったりしてる。で、『オールナイトニッポン』では寺内タケシ大明神コーナーとかね。2時間オールナイトニッポンGSかけっぱなしとかやってるわけ。選曲はぜんぶオレ。

タブ　フル回転ですね。

エド　半年やってたら「構成作家っていります？」って。オレ知らなかったから、え、みんなついてんの？　って感じ。だったらつけましょうか？　って。オレは全部自分でやってたから。

「あのヒーローは今どこに？」とかね。「あのヒーローは」は当時、ハガキだよね。「ライオン丸」は隣の家のドアノブになってます、とか。温泉の湯口になってます、とか。そういうのいっぱい来るわけ。「ザッツインテリジェンスコーナー」は、「なんで八重洲っていうの？」って質問に「八重洲にはトコロテン屋があって、八重という少女がいて、おじさんと一緒にトコロテンを出してました。それで八重・・・酢」とかね。くだらないの。「博士は伝書鳩の代わりにフクロウを使って、行け、フクロウ（池袋）」とか。

タブ　コーナーもみんな、アイデアを出していた？

エド　構成作家がいるって気付いて、水曜日のタモリさんの一部に黒木っていう人がいて、それで「黒木がつきます」って。2週ついたけど、3週目からは来なくなった。何でって、「エドさん、自分でやるから」って。ほとんど自分の番組は自分で構成考えて選曲するの。あの頃からそう。3本レギュラーやってて、なおかつ林ゆたかさんとパームスプリングスもやってた。

タブ　戸崎事務所にいて、すごく多忙だった頃ですね。

『まんてんワイド』のアシスタントは3人自殺！

エド　それから83年だ。『オールナイトニッポン』が82年10月にはじまって翌年10月に終わったの、で、夕方の7時ごろの、日産のワクでくず哲也さんがやってた番組のオファーがオレにきた。もう一つ、TBSからは月～金の帯で3時間やらないかって。『オールナイトニッポン』で半年たった頃、TBSの副部長が来て「エドはおもしろい」って。雨傘って野球が飛んだら流す3時間番組があって、だから流れるかわかんないけど、オレは好きなことが出来る。それで半年録りだめてたの。その実績が買われて、月~金の帯でやらないか、と。

それでオレはTBSの『まんてんワイド』に行きますって。ニッポン放送の方は野球でつぶれるから。エドはニッポン放送裏切ったって言われたけど、そーじゃねぇよって。

で、TBSの夜9時から0時。文化放送は『吉田照美のてるてるワイド』ってあって、ニッポン放送は坂崎幸之助くんとアラジンがやってた。数字は文化放送が一番。二番がニッポン放送。で、三番がTBS。松宮一彦さんとか小朝さんがやってたけど、数字が取れなくてテコ入れで呼ばれたの。

タブ 激戦の時間帯ですね。

エド でもアシスタントいないし局アナつかなくて、ちょうどB&Bの事務所で歌舞伎町で営業やってた時に声かけた18才のコがいて、それが松岡まことって、立川談志さんの娘。ちょっと来いよって誘って、アシスタントやんないかって言ったら、「や

ラジオの DJ はお手のもの。手前が談志令嬢ですネ。

る」って。連れて行ったらつっぱらかってんの。

3時間とりあえずナマ放送のふりしてやって、パイロット版で緊張してんだよ。震えてて。かわいかった。で、そんときにはじめて月～金で作家がついたの。

タブ　チェッカーズがブレイクした頃ですか？

エド　うん。この『まんてんワイド』でチェッカーズに火がついたんだよ。番宣で流れたデビュー曲『ギザギザハートの子守唄』って頃の写真見たら、ベイ・シティ・ローラーズみたいだった。伊勢丹チェックじゃねぇかって、あ、タータンチェックか。
　木曜日、ゲストコーナーでアイドルから橋幸夫さんまで入った。山下久美子ちゃんとかも入った。そのうち、チェッカーズの『涙のリクエスト』が和歌山から火がつきだすわけ。この番組が始まる前、ジングルをどうしようかって考えてたけど、「チェッカーズでいいんじゃない?」って決めてたら、チェッカーズが売れた瞬間、あのジングルだけでも売ってくれってたいへんだった。木曜日、1年やった頃に、黒柳さんと久米さんの『ザ・ベストテン』と同時中継した。ウチの番組とあれを合体してゲストがチェッカーズ。

タブ　『まんてんワイド』はどれくらいやったんですか?

エド　83年10月から84年10月まで。半年で松岡が終わりになって、日替わりで月曜が可愛かずみ、火曜が松本友里、水曜が岡田有希子、木曜がまだ16の長山洋子。金曜がホリプロのタレントスカウトキャラバン出身の田中久美。岡田有希子が死んだのは2年後だけど、とにかく可愛かずみ、松本友里、岡田有希子と3人自殺してる。有希子ちゃんの時は、テレビの釣り番組で九州行ってて、自動車道走ってて、携帯もない頃だから、事務所にパーキングエリアから電話したの。「なんか変わったことない?」って。そしたら「『くちびるネットワーク』の岡田ユキコが死んだって」「くちびるネットワークってなんだ、岡田ってニュースのアナウンサーかな」と思ったら、あの有希子ちゃんと知ってビックリして、「花出しといて」って。葬儀会場に花出したら、ちょうどそれがテレビで梨元さんが喋ってる後ろで目立っちゃって、つい社長が「おいしいね」って。なんてヤツだ!

タブ 80年代に入って、一気に流れが変わったんですね。

エド 整理すると、79年に第一プロにスカウトされて仕事がない。それで82年にB&Bの事務所にスカウトされて、その年の10月から『オールナイトニッポン』、それで翌年からTBSの『まんてんワイド』。並行して、『酒井広のうわさのスタジオ』と『ワイドワイドフジ』。

B&Bの1カ月のギャラは二人で4千万!?

タブ 『ウィークエンダー』もお出になってたんですか?

エド リスナーからよくクレームが来てた。『オールナイトニッポン』では「てやんでー、このやろー」なのが、『うわさのスタジオ』では丁寧に「いかがでしょうか?」って。どっちが本当のエドさんか?　って。

タブ　硬派のレポーターとしてやってた?

エド　オレ怒ったんだもん。「葬式行ってくれ」って、昔はポケベル。すぐ衣裳部屋に行って、喪服に着替えていくんだけど、家族に「今のお気持ちは?」って、悲しいに決まってる。それ聞くリポーター1年やったけど、やるもんじゃねーなーって。それで『うわさのスタジオ』が終わって、そのあとに『ウィークエンダー』が入るの。もうピン子さんはやめてたけどね。青空はるおさんがやめたんで、オレと高見恭子で入るの。あと春やすこもいたな。それで「エドさんは青空はるおさんのあとで、カタいものもヤワラかいものもできるから」って。全部自分で取材に行って、写真撮ってきて、自分でパネル作って10数分に仕上げるんだよ。

タブ　全部自分で?

エド　大変なんだ。そうやってるうちに84年くらいにB&Bが解散するんだ。

タブ　戸崎事務所にそのころB&Bのほかには誰が?

エド　ポップコーン。中国人の二人。結局、解散しちゃったんでどうすんだって。洋七は洋八のかわりに国分くんてのと組んで、またB&Bやってもすぐダメになって。オレは洋八と事務所出るわけ、マネージャーが新しい事務所作るんで。それで戸崎さんにそのペナルティでオレは『ウィークエンダー』からおろされた。

タブ　事務所やめたのは不満があったとか？

エド　なんでだろうね。洋八もポップコーンもついてきたからね。戸崎さん、その後事務所閉めて、藤沢で焼き鳥屋やったりしてたな。もう亡くなったけど。何しろ、B&B、一時は給料が1カ月で一人2千万だったからね。オレについてた桜田ってのがいて、二番目についてたのが大川っていうんだけど、彼は結婚式の司会もしてあげたんだけど、今は北島音楽事務所の制作部長。

で、飛行場行った時、桜田がオレを送りにきてアタッシュケース持ってたから、「なんだよ？」「このあとB&Bが帰ってくるんで、そのギャラです」「ちょっと開けるよ」。キャッシュで4千万入ってた。でも、戸崎さんの有名な話で、2万7千円足りなくて、バイクで洋七のところに届けに行ったことがあったって。

洋八も事務所出て、ドラマやってたけど使えないの。どうしても芸人時代のカメラ目線が抜けないのと岡山弁が抜けない。今だったら千鳥の大悟とかいるけど、あの頃は標準語だから。結局、ドラマの仕事もなくなっちゃって。
その頃、洋八は高田馬場に住んでいて、そのあと離婚して、歯医者さんと結婚して伊豆大島でマスオさん状態かな。

タブ 先日、たまたま洋八さんの奥さんが亡くなったニュースやってました。

エド あ、そうだったんだ。

役者も、さらに作詞作曲も！

タブ 子供のころ、エドさんがドラマに出てらっしゃったのをよく見ました。

エド オレ、ものすごくドラマ出てる。スイートベイジルって、田中健ちゃんとか上田正樹くんと一緒の事務所になってからね。『うたう！　大龍宮城』やったり、東映で。90年くらいだったかな。フジテレビの日曜の朝から『ポワトリン』とかやってたワクで、53本。鯨大王で。乙姫がいて、全部ゲストが魚。柴田理恵がフグやったり。

タブ WAHAHA本舗が多かったですね。

エド 梅垣くんもウニで出てた。すごいピュアな番組で、それで東映と縁が出来たから

『カーレンジャー』ではチューンメーカー工場の社長役で岩崎良美と夫婦。『ロボコン』も出た。それ終わったら円谷プロが『電工超人グリットマン』で、そこの父親役で10カ月。今もネットでたまに出てくるよ、『グリットマン』って。あとはほとんど殺される役とか。

ただ東映でも京都には行かせてもらえなかった。時代劇はいじめられるから。京都のスタッフは因循姑息で、田中美佐子ちゃんがデビューしたときに、上から照明落とされたっていうから。山下真司さんが「オレさあ、山下真司の扱い受けなかった」って。ジャニーズにいた大沢くんも苦労したらしい。だから行かしてくれない。ケンカするから。だいぶあとになってから『水戸黄門』とかで呼ばれるようになった。

タブ　音楽活動の方は？

エド　内藤やす子の『六本木ララバイ』の話なんだけど、『まんてんワイド』やって、半年で松岡まことが降りて、アイドルに替わる。まことがやめるんで、TBSホールでのお別れ会、幕が上がったらオレが自分の作った『六本木ララバイ』をギター1本で歌った。これ、もともとオレが『オールナイトニッポン』のテーマに使った『フルスロットル』って曲があって、そのB面に『六本木ララバイ』入れてたんだけど。

タブ　ぼくもレコード持ってます。

エド　で、最初はセリフ入ってたのよ。「本日もご来店いただき、誠にありがとうございます。また明日もやっております」。ずっと六本木にいたし、だからタイトルも決めてたの。で、松岡まことに歌ってあげて「ありがとな」って送り出したの。それ聴いた少女隊とかがいた事務所の人間が飛んできて、「あれ誰の曲ですか?」「オレの」「内藤やす子に歌わせてくれませんか」って。内藤やす子さんがコロムビアからフォノグラムに移籍して3曲出したのかな。『ラブ・イズ・オーヴァー』『こころ乱して運命かえて』、次が『野暮』。全国キャンペーンして売れてなかった。4曲目に『六本木ララバイ』もってきたの。いきなりチャート22位になったからね。フォノグラムのスパイダースとかやった本城さんがディレクションしてくれた。

タブ　とんとん拍子ですね。

エド　で、まず詞を直してほしいと。一発目の「おまえの」を「あなたの」にかえて、2コーラスじゃなくて2ハーフでいきたいって。詞を書き直さなきゃって。で、作り直して、レコーディングしたのね。六本木のフォノグラムのスタジオで。で、中村先生ってピアノの人が最初アレンジしたんだけど、フォノグラムの当時社長の伊藤さんて人が「だめだ、カッティングがかたすぎる」って言って、アレンジャーを松井忠重さんに替えたんだよね。そんときに夜中にオケとってたわけ。それで、イントロで女三人コーラス入れようってなって、すぐ「今から来れる？」って来てもらった。
六本木に、今はないけど「バレンタイン」って店があったの。のちにオレ達も東京ベンチャーズで出てた。そこで発表会やるって。内藤やす子さん、プロ歌手でしょ、オレも初めてプロ歌手に曲書いたことになる。呼ばれて行ったら、内藤やす子さんがすごい緊張してる。「作った人が目の前にいたら緊張します」って。

タブ　なるほど、わかる気がします。

エド　それから不思議な現象が起きてね。68年三田明さんの『ナイト・イン六本木』、それに70年に、ヴィレッジ・シンガーズの『六本木の雨の中で』って曲があって、それから、六本木がタイトルの曲ってほとんどなかったの。いしだあゆみさんも「六本木」の名の付く曲出してぜんぜん売れなかったし。ところが『六本木ララバイ』で、みんな気が付くんだよね。今や六本木は世界の歓楽街だと。鹿児島の天文館にいても、仙台の国分町にいても、気持ちは六本木なのよ。よしってできたのがアン・ルイスの『六本木心中』。続いて荻野目洋子ちゃんの『六本木純情派』、研ナオコの『六本木レイン』。あとあい&優の『六本木あたり』、それになかにし礼さんが作詞した『ホテル六本木』とか。この『ホテル六本木』って六本木から霞町に向かうあたりに本当にあった。その名前使ったからスゴいよね。

『六本木ララバイ』は所ジョージ氏にも「エドさん、あれはいい曲ですね」って言われた。

六本木の歌がブームになるキッカケになったの。実は『六本木心中』は最初、オリコンで20位くらいで消えてた。ところがとんねるずのテレビ朝日の土曜夜の番組かな、エンディングテーマで『六本木心中』がかかったわけ。そしたらいきなり消えたはずの『六本木心中』が1位になっちゃった。所ジョージ氏いわく「結局、エドさんはキッカケ作って、ブームにいない」って。大きなお世話だ（笑）。

一家に一台、エド山口

タブ　役者、お笑い、ＤＪ、バンドマン、作曲家といろんなところでご活躍だったんですね。

『フルスロットル』のB面が『六本木ララバイ』。エドさんは足が長い。

エド　だから山田邦子ちゃんにも言われた。「一家に一台、エド山口」って。一人いたら何でもできるじゃん。うれしかったのは二時間ドラマで、市原悦子さんの年１本の『桜乙女の事件帖』シリーズってのがあって、課長の役だったの、捜査一課の。赤坂慎太郎っていうんだけど、ちょうど撮りが9月か10月。8年間やってて。東京ベンチャーズのアルバムが出るたびに市原さんとか共演してた元シブがき隊のフックんに渡すわけ。フックんが「いいですね。車で走ってるときに聴くと最高ですよ」なんて言う。音楽やってるって、市原悦子さんもご存知なの。

あるとき、死んじゃった斉藤晴彦さんが係長の役で、いきなり「ね、課長」って振って来たから、「えっ？」って四拍半がけで返したの。それは音楽やってないとできないタイミング。市原さんが「音楽やってる人って、芝居勘がいいわね」って。嬉しかったよ。

タブ　そこでも音楽が生きるんですね。

エド　絶対に推理が当たらない課長の役。ボードに、「こいつが絶対に犯人だ。なぜかというと」と書くと、そこへ市原さんが「すいません。ちょっと待っていただけませんか」とかね。あれもレギュラー8年続いたな。

田中健さんとは同じ事務所だったことも。ケーナ吹いてた頃？

タブ　役者としての演技も「自己流」だったんですか？

エド　役者の教室とか行ったこと1回もないの。あ、間違って大学の時、巣鴨の教室通ったことはあるか。そしたら、外郎売りとか早口言葉やらされる。こんなことやってて、なにになるかってね、すぐやめた。

オレは洋画はあんまり好きじゃない。勉強になんないから。高倉健さんの芝居はどうなんだ、ここは橋爪功さんならどうかとか、田中邦衛さんならどうかとかは取り入れてる。プロデューサーには「よく役を理解してくれてありがとうございました」なんて言われたりもする。結局、出来る人と出来ない人とがいるの。一番面白いものは家で考えてもダメ。現場じゃないと。

タブ　頭より体が動くんですね。

エド　井筒和幸監督とVシネで1本やったの。大林雅美って覚えてる？　上原謙さんの後妻。『日本一の悪女』ってビデオ撮ったの。湯河原でロケしてね。オレがマスオさん状態でクラブのママの大林雅美に惚れてるのにボコチン立たないみたいな役。藤田敏八さんがゲストで出てたかな。そしたら旅館に入るシーンがあって、井筒さん、番頭役の役者に「なに、セリフ覚えてんだ、バカヤロー。1回覚えたセリフ忘れろ」ってドナってた。リアリティなく、立て板に水のセリフになっちゃいけないってこと。

オレ、このあいだ、落語家の若手に言ったの。「立て板に水じゃダメだよ。昔の志ん生とかね、聴きなよ、パクれよ」って。セリフの間がどんなに大事かってこと。

レンタルビデオ借りてきて、Vシネなんかもよく見てた。つまんないのも多いけど、どこがどうしてつまんないかを見る。

タブ　努力もされているんですね。

エド　好きなんだよ、仕事が。色んなバイトやったりして、自分に合った仕事がみつかるか考えてたって見つからないよ、絶対。昆虫が好きなら昆虫博士になればいい。電車が好きなら新幹線の運転手になればいい。立川の鉄道学校入って運転手になるとかさ。人間は好きなことは苦労とは思わない。オレの音楽も好きだから辛いとも思わない。バンマスにぶっとばされても後悔ないね。ところが今のコたちはイヤイヤやってて、「辛い」「自分に合った仕事がみつからない」ってコボす。それじゃ絶対に見つからない。

今のカミサンは最高の伴侶

タブ 今の若い人は、好きなことを見つけること自体が大変なんじゃないかと。

エド ウチの下の娘も徳間でCD出して、さんまさんの番組に出たりしても、自分で頑張って前に出て行こうってのが弱い。オレたちちん時は出て行ったのよ。

タブ エドさんの娘さんも芸能界に?

エド いるよ。「すずき」っていうんだけど。娘は二人いて、釣りやるんで、長女が「いさき」で、次女が「すずき」。虎は死んでも皮残すっていうけど、オレは何も残せない。

ただ、カタカナで書いたら寿司屋のネタだろ。それで「いさき」は「衣咲」、「すずき」は「鈴希」。そしたら、「鈴希」のほうは「鈴木」って苗字の男と結婚したいって言うの。「すずきすずき」っていいねって。上の子は「海野いさき」なんてのはどうかな、って（笑）。

タブ　ユニークな命名ですね。

エド　冬樹は「ひでーな、自分の子供に魚の名前つけて」って。最初の衣咲は4月2日に生まれたんだけど、92年かな、オレ、釣りの雑誌の取材で九州の甑島にいたの。そこで「いさき」って名前決めた。オフクロもビックリ。二番目はどうしようかなってなって、カミサンからは最初、「めばる」「さより」ってきたけど、「めばる」はトゲがある、「さより」は腹黒い。「『めじな』はどうです?」って言うんで、そこまで言うなら「すずき」でいこうと。

タブ　奥さんとはずっと円満で?

エド　90年の結婚だから33年目かな。その前、5年付き合ってる。

タブ　長いですね。

エド　オレ、女房を選ぶのは付き合ってる時から減点方式だったんだ。女と付き合う時は食事での箸の置き方がおかしいとか、そば喰うのに長い髪をかきあげたりした瞬間20点減点だからね。ゴムで髪を結んだりしたら20点プラス。だからお見合いの席でなんで食事があるかっていったら、作法が全部出る。そういう意味で付き合っている時、先を想像するの。22の女でも60になったらどうなるかって。

最初の女房はオレがデビューした頃に結婚した。83年かな。オレ、まだ売れてないから勘弁してくれっていったんだけど。由紀さおりと南果歩をたして二で割ったような顔だった。レフ板が当たりやすいフケない顔だった。今のカミサンにしても16下だけど、前の女房も8つ下。でもね、やっぱり問題は性格よ。みんなに「エドちゃんは一度失敗して、良い女選んだね」って言われるし、オレも日本で一番素晴らしい女だと思ってるよ、今のカミサン。九州の女だから、お父さんは九州男児。夫婦ゲンカすると、もう3日間は一切口きかないっていう家で育ってて、とにかく根性ある。

タブ　ケンカしたら奥さんのが強い？

エド　ウチはケンカしないよ。「週刊微笑」だったかな、夫婦ゲンカについて取材が来たの。その時「ウチは大きいケンカも小さいケンカもしない」って答えた。小さいケンカが大きいケンカのもとなんだよ。一応、「議論」はするよ。このあいだも、こっちがさんざブーブーいって、「あ、オレの間違いだ」って気付いた時には、すぐ謝った。カミサンは「ウチの父は絶対に謝らなかった。パパはその点謝るから、まだエライ」って。

子供が小さい時に、下の子はキュウリ食べられなかったの。で、そのときに言い合いしたの。そしたら上の子から「ママの機嫌悪くなるから、ケンカはやめてください」と書いた紙渡された。それから子供の前では一切、言い合いはしないようにしたの。

タブ 生涯の伴侶?

エド オヤジが100歳で死んだの。今年七回忌、オフクロは87で死んで、もう十三回忌もやった。オヤジは101歳の誕生日の4日前に死んだ。安倍さんと都知事から100歳の表彰状をもらったの棺に入れて燃やしたんだけど。そん時施設にいたわけ。カミサン、車椅子持って帰ってきたから、「メルカリで売れば」って言ったら「高いのよ、この車椅子」「どうすんの?」「パパの」だって。パパの介護して、パパに先に死んでもらうって言ってるから、その方が楽だし。

「最高のカミサン」と。毎日しあわせがルフラン。

家族そろって。お父様は 100 歳まで生きたそう。武東家の福の神。

ものすごく遠い記憶なのですが、小学生の頃、エドさんをドラマで見たことがあります。午後2時くらいによくやってた、再放送枠だったかなぁ。ちょっとキザで勘違いした感じのエドさん（演じる男）が女性をソファーに押し倒す。けれど主人公によってすかさず阻止される。そんなハラホロヒレな絵がいまうすらぼんやり浮かびます。あれ、ジャイアント吉田さんだったっけ？　なぜか今エドさんとジャイアントさんが曖昧模糊のプロレスをしているのですが、このさいどちらでもよいのかもしれません。いずれにせよ、どんなに才気溢れるミュージシャンであれ、コメディアンであれ、全然天分とは関係のない、誰でもいいような役割を演じさせられることがあるのもまた、芸能界って気がいたします。『渡る世間は鬼ばかり』で、山田雅人さんが薄らぼんやり「おかくら」の厨房に立っているだけだったり。これなどはもはやエキストラのエキスパートでした。

とはいえ、誰でもいいようで、誰でもできるもんじゃない。本文にもあるように、エドさんの場合、どんな端役であれ、バンドマンで培ったアンサンブルに裏打ちされた独特の、二番打者のバントのような間合いがあるのでしょう。それはラジオのパーソナリティにおいてもしかり、アシスタントやゲストたちとのやりとりの中にもトンチンシャンと生かされていたに違いありません。

それにしても。アシスタント5人中3人が自殺。

こうしてエドさんにふらふら近づいてきたぼくも鑑みて、エドさんには薄幸の者を呼び寄せる何かがあるのでしょうか？　いや、彼女たちもきっと生前、エドさんと相対している時だけは、安堵というターンテーブルの上で心地良く回れた束の間だったのではないかと。そうして消えていった音楽を胸に、エドさんご自身はかけがえのない永遠の「ルフラン」を手に入れたと。今はエドさんの方が奥さまの手のひらで回されているご様子が微笑ましいかぎりです。

エドさんの公私含め、沢山の良いお話が特に聞けた今回ですが、ぼくの中でのハイライトはここだったりします。

「ポップコーン。中国人の二人」。

前に東洋館の楽屋でも、「怒らせたら本気でまずい奴」の話題で俎上に乗せられていたことが思い出されたのでした…。

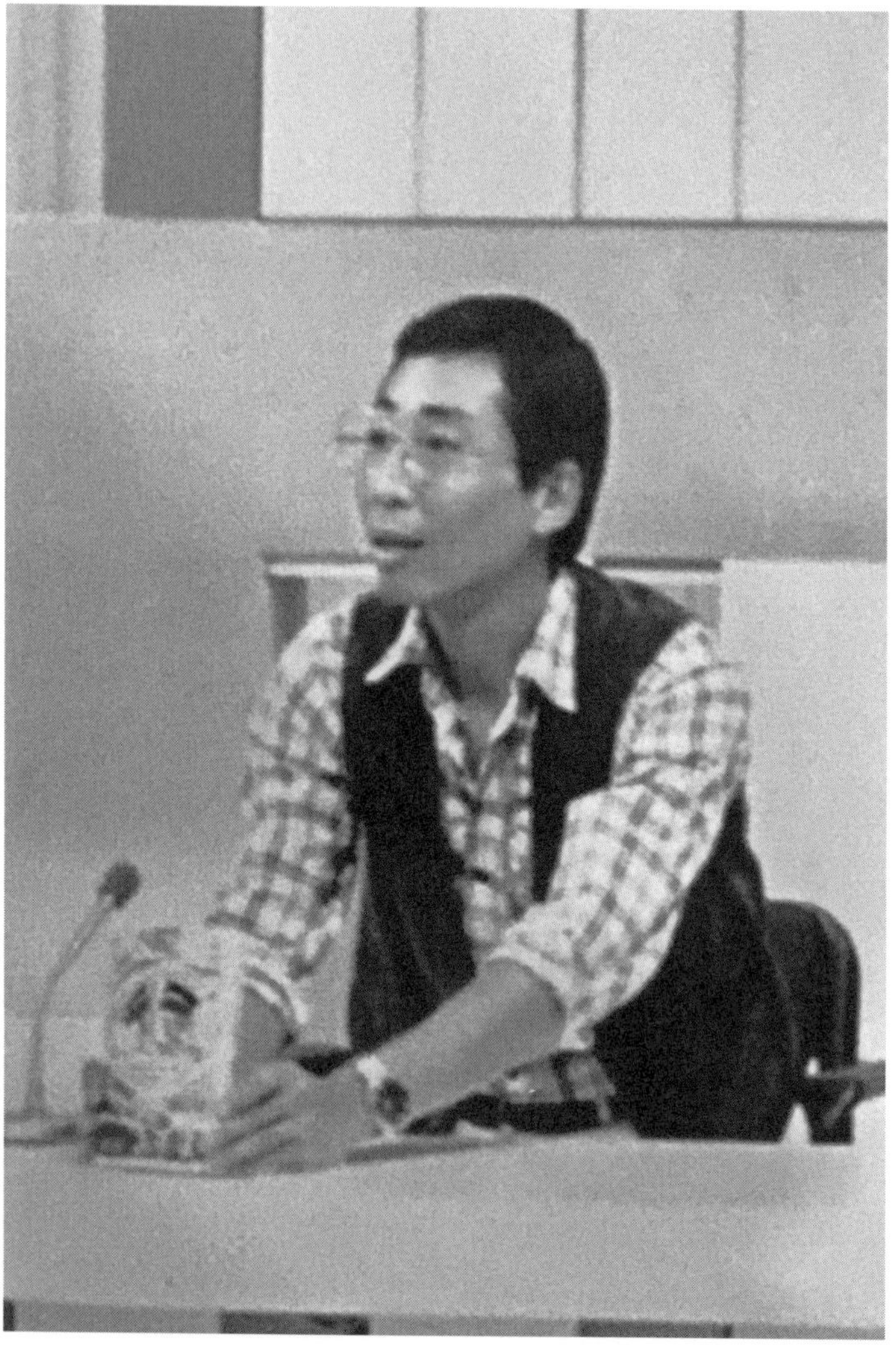

第五章

あの輝かしい日々を忘れるもんか！
エド山口・GSを語る！

「GS？　ガソリンスタンド？」という古典的なギャグがあります。いや、ないか？

…あれは小学6年の時だったでしょうか？　どこかの街でひとり、おそらく古本屋の所在を探していたのでしょう。当時のぼくは、日曜日になれば、雑誌「相撲」のバックナンバーを求めて、ぶあつい電話帳をたよりに古本屋巡りをすることを生きがいとしていました。その時、たぶん道に迷ったのか、よく街角にある手書きの住宅地図に頼ると、そこに〝GS〟の文字があるではありませんか。

…なぜ町にグループサウンズが？

目的は差し変わり、ぼくはそのGSを目指して行ったりきたり。その間、ガソリンスタンドの前を何度も往来したはずなのですが、単なる一風景としてそれは抹殺され、結局、地図に刻まれたGSの意味が皆目わからず日が暮れました（バカ）。

ちなみにこの時、住宅地図に〝山田パンダカンパニー〟なるものがあるのも気になりました。え？　かぐや姫？　動物のそれではなく、あの眠そうなひげ面を思い出していたぼくですので、すでに四畳半フォークへの流し目も済ましていたものと思われます。

もとい。こうして思い返すに、ぼくは小学生にしてすでにGSに魂を抜かれていたこととなります。世間一般的にはガソリンスタンドとインプットするのが自然な世代にありながら。ぼくにとってGSは、ギャグではなく本気です。

そう、師匠にあたるGS研究家の故・黒沢進先生は、GSがパロディにしか成り得ない今の世の中が悲しいということを著書で嘆かれていましたが、王子様ルックしかり、はたまた失神しかり、当時は演者もファンもきっとGSに本気だったのです。たとえオトナたちに強いられていたことが多分にあったにせよ、それがまた社会との戦いでもあった……。

と考えると、GSは思春期における、エネルギー供給源であり放熱への出発点でありながら、暴発して大惨事にもなりかねない、一過性のガソリンスタンドだったのかもしれません。などと考えている折、「いやぁこの辺のパーキングどこも混んでてさぁ」などと言いながらエド山口さんが現れました。御歳75才、今も悠々自適に車を乗り回し、トランクにはエレキギターも入っていることでしょう（ツリザオしか入ってねぇよ！と架空エドさん）。若き時分には麒麟児のようにエレベーター力士な季節もあったかもしれませんが、今や立派に芸能界の年寄株くらいは所有しているように思える（人をトシヨリ扱いすんな！　と架空エドさん）。先にも申した通り、エドさんは厳密にはGS OBではないのですが、同世代のバンドマンとして、彼らの生態、生きざまを表から裏から熟知しておられる。そう、今の業界、GSで出来上がっていると言う人がいるくらい、GSを発端として特に裏方で成功した例は枚挙にいとまがありません。勿論、ジュリーを始めとした、「スター現役組」も。その陰で、タイガースと同じナベプロのアウト・キャスト（裏方大成功GS）のボーヤ上がりから、今や浅草の伏魔殿・東洋館の舞台に立ちながら草野球の審判までしちゃうさいたまんぞうさんだっているわけです。先日、中野のダイソーで会いました。

これは邱永漢とかが書きそうなビジネス指南書（↑よく知らないけど）でもなんでもないんですが、その後の人生で、魑魅魍魎が渦巻く芸能界において成功した人、失敗した人。そんなところにもメスを入れていきたい。

ところで山中企画においてのGSは、〝ぐうたら出版社〟です。エドさんもだんだんうさん臭い我々に気づいてる様子……。

酒が入れば
舌も滑らかに。

最後はGSは「歌謡曲化」に向かった

タブ　せっかくなので、ぜひエドさんには、同時代に経験しているGSについて、もっともっと語って頂きたいんですが。

エド　結局さ、GSって、レコード会社としちゃあ、御三家みたいな、本来の「歌謡曲」ほど大事にはされてなかったってことなんだろうな。ほら、途中から粗製乱造になっちゃって、B級C級がどんどん出てきちゃったじゃない。あれじゃ飽きて、自然崩壊していくよね。66年くらいにブームが始まって70年にはほぼ全滅だもん。一方で、御三家はずっと健在。「一人GS」みたいなパンチの効いた歌手、たとえば黛ジュンとか梢みわ、泉アキなんてのも、出てきたり。

タブ　中村晃子さんなんかもそうですね。

エド　GSがダメになったあとに、ペドロ&カプリシャスやセルスターズや、また違ったタイプのグループも出たし、歌謡コーラスなんかも元気だったし。

タブ　GSから歌謡コーラスに転じた方もいましたよね。

エド　もうブルー・コメッツなんて、思いっきりそっち行っちゃった。ブルコメの場合なんて、もともと自分たちはGSじゃないと思ってたからね。プロのバックバンドで、後から出て来た若いのとは違うって気持ちがあった。それが、一度、アメリカの『エド・サリヴァン・ショー』に出て、琴を使って『ブルー・シャトウ』を演奏してみたりしたけど、ぜんぜんウケない。仕方ない、もう解散するしかないか、ってなった時に、どうせなら路線変えてやってみようかって出したのが『さよならのあとで』と『雨の赤坂』。もう完全に歌謡コーラス。やってみたら、『雨の赤坂』がずっとオリコン2位。1位は佐川満男の『今は幸せかい』。作曲した三原綱木さんなんか、印税入りまくりで、「こんなに稼げるなら、ずっと（井上）大ちゃんばっかりに作らせるんじゃなかった」って笑ってたくらい。

タブ　でも、GSファンの間では「ブルコメがGSを歌謡曲化した」って批判する人が多かったですよね。

エド　歌謡曲化もなにも、ヒットしたGSのオリジナルはみんな歌謡曲なんだよ。カーナビーツの『好きさ好きさ好きさ』なんて、原曲はゾンビーズだから向こうのカバー、とか言うけど、鈴木邦彦先生とか筒美京平先生とかが、洋楽のテイストを歌謡曲で包んだから売れたの。

『バラ色の雲』なんて、どう聴いても歌謡曲そのものじゃない。サザンだって、洋楽のテイストで歌謡曲を包んだ典型でしょ。日本人はマイナーコードが大好きだからね。尾崎紀世彦さんでも、「オレのは洋楽テイストで包んだ六本木演歌」ってはっきり言ってた。

タブ　ただ、最近のポップスは、マイナーコードがないですよね。

エド　そうなんだよ。でも、日本人のマイナー好きは根強いと思うよ。オレ、だいぶ前に8年くらいテレビ東京の『ちびっこ歌まね大賞』って番組の審査員を小林亜星さんやキダタローさんたちとやってた。その時、小学生で『ラブ・イズ・オーヴァー』歌ってたコがいて、あ、この曲はオレが作った『六本木ララバイ』や『悲しい色やねん』なんかと一緒で、都会風な演歌、つまり「シティ演歌」だなって思った。ああいうマイナーコードがないと日本人には響かないのよ。三好鉄生の『涙をふいて』なんかはちょっと違うけど。そういや、「シティ演歌」って言い始めたのはオレが最初かな。

GSがレコード会社の「専属制度」を崩壊させた!?

エド だからさ、オレ、今の星野源でもAKBでも、どうもピンと来ない。あの昭和の曲はオレたちにとってはわかりやすかったんだろうね。また、テレビがもっとわかりやすくしちゃったところもあるかな。どの曲も、テレビの尺に合わせて、ワンハーフで流しただろ。

タブ ワンハーフって、一番を流した後、二番の半分だけ流して終わり、みたいな。

エド 吉幾三さんなんか怒ってたけどね。演歌はだいたい三番まであって、ストーリーもそれに沿ってある。それなのに一番、三番だけじゃ不完全だから、チャンと歌わせろって。だけど、GSなんか、ワンハーフでもうまく収まっちゃうんだな。いしだあゆみの『ブルー・ライト・ヨコハマ』でも収まっちゃう。

タブ ますます、わかりやすい?

エド GSでいったら、レコード各社の専属制度を崩壊させたっていうのも、功績の一つかも知れない。ほら、もともとあったでしょ、ビクターは吉田正で、コロムビアは古賀政男で、みたいなの。ああいうのが、GS以降、崩れてっちゃった。元はと言えば、昭和30年代のレコード大賞のスタートからでもあるんだな。第一回のレコ大って、ガチガチの専属制度から生まれたフランク永井の『夜霧に消えたチャコ』が、1票差で水原弘の『黒い花びら』に負けたわけ。こっちは作詞・永六輔、作曲・中村八大で、専属制度なんてない東芝の曲だった。あれがキッカケの一つにはなってるよね。

タブ　それでもまだ専属制度は残っていた?

エド　まあ、それだけじゃ簡単にはなくならない。次に出て来たのが昭和40年かな、エミー・ジャクソンの『涙の太陽』。すごいよ、もともと日本にいた人間を外国人てことにして、洋楽のふりをして出したんだから。当時、橋本淳さんが大学出て、すぎやまこういち氏の運転手やっててさ、すぎやまさんは『ザ・ヒットパレード』って番組のディレクターだったの。それで、出来れば番組に、ポップスのやれる日本人バンドが欲しいってなってジャズ喫茶のACBとか回って見つけたのがブルコメとスパイダース。ただ、スパイダースは譜面読めないからナマ放送で演奏するのは厳しいって選んだのがブルコメ。それでビートルズまで歌って重宝されたのに、メジャーなレコード会社から曲が出せない。専属制度が邪魔してたわけ。どうしたらいいんだ、って時に出て来たのが『涙の太陽』。

タブ　洋楽のふりをしたわけですね。

エド　そう。作ってるのは日本人。歌ってるエミー・ジャクソンもバリバリの日本育ち。でも洋楽のふりをすれば洋楽レーベルから出せるんで、専属制度とぶつかんないわけよ。

『涙の太陽』だって、作詞は湯川れい子なのに、ホット・リバースなんてペンネームつけて洋楽っぽくしちゃった。最後は記者会見でエミーが日本語で答えちゃってバレバレになったけど、とにかくCBSコロムビアから、専属制度とは違うところから出せた。それがヒットして、次にブルコメが出したのが『青い瞳』。英語の曲だし、はじめはディレクターも「売れないだろう」ってお蔵入りしてたのが、ひょんなところから見つかって、「試しに出してみよう」ってやったら、当たった。ちなみに作詞した橋本淳さんが、当時「外人タレントの草分け」みたいなイーデス・ハンソンが好きだったんで、『青い瞳』ってつけたらしい。

タブ　なるほど、洋楽レーベルを「抜け道」にして、新しい風が吹いてきたってことですね。

GSブームの先駆けとなった『ユア・ベイビー』

エド　64年にさ、ニセ・ビートルズが来たのよ、日本に。あれも衝撃的だったな。「リバプール・ビートルズ」っていって、ホントにコピーはうまかった。後楽園アイスパレスに見に行っちゃったもん。寺さんも、加瀬さんも、田辺昭知さんもみんな来てたからね。見たらメンバー五人でさ、ビートルズのジャケットだと四人じゃない。あれ、一人多いな、と思ったけど、たぶんサポートメンバーなんだ、って勝手に納得しちゃって、完全に本物だと思い込んじゃった。なにしろ、いきなり『ハード・デイズ・ナイト』で、それがツボにハマってんのよ。

タブ　まったく疑わなかった？

エド　ただタイトルが「世界サーフィンショー」で、ゲストにジャニーズや尾藤イサオさんとか出てたし、ヘンだなとは感じた。ただね、演奏が始まって、いきなり椅子から転がり落ちたからね。それまでエレキバンドって高音ばっかりなのよ。ＰＡがない時代でさ。ところが彼らはヴォーカルマイクをベースアンプにつけて、低音出してくる。あ、これはやんなきゃな、ってなったらしい。最初にやったのがブルコメ。

タブ　また、そのすぐあとにベンチャーズも来ましたよね。

エド　来た来た。あのあたりで、寺さんが加瀬さんに「オレたちもオリジナル作ろうよ」って呼びかけたりしたみたい。それで『ブルー・ジーンＮＯ．１』とかできた。

タブ　インストですね。

エド　そうなんだよ。オリジナルならやっぱり詞がなきゃってなって、加瀬さんが『ユア・ベイビー』を作った時も、詞を書いてくれる人を捜したわけさ。それでナベプロにいた楊さんて人を通して、安井かずみさんに頼んでくれないか、って言ったらしい。楊さんは「安井さんは売れっ子だよ。そんなのやってくんないよ」と言いつつも頼んでくれて、１週間後には書いてくれてたらしい。それ、さっそくブルージーンズが出して、『ヒットパレード』で紹介されて、ヒットチャート上がってった。それからブルコメの『青い瞳』ね。

タブ　ほぼ同じ時期ですね。

エド　あとはスパイダースの『フリフリ』。65年に一度出してて、翌年に『フリフリ'66』出して当たったの。B面が『モンキー・ダンス』でさ、これは作詞が阿久悠さん。阿久さんはそのあと、モップスの『朝まで待てない』とか、キャラクターズの『港町シャンソン』とか次々に書いてる。シロートの作詞家が、池袋のジャズ喫茶「ドラム」に出演中の加瀬さんのところに持ってきたのを、「ぼくは詞からは作れない」って、かまやつさんに譲ってできた曲が『ノー・ノー・ボーイ』。なんかいつの間にか、作詞が田辺昭知さんになってる。まあ、このあたりの曲がGSの起源と言っていいんじゃないかな。

タブ　加瀬さんは寺内さんのもとを離れてワイルドワンズを結成しますね。

エド　みんな『想い出の渚』は夏に出てるって勘違いしてるけど、出たのは66年の11月だからね。過ぎてしまった夏を思い出す歌なんだから。サベージとかフィンガーズとかいろいろ出たのもあのころからかな。フィンガーズでは高橋幸宏さんの兄貴の信之さんもやってたけど、幸宏さんもフィンガーズでドラム叩いてたことあるんだ。

あっさりアマがプロになった加山さん

エド　初期のGSとなるとランチャーズも入るんだけど、このランチャーズは一期から、二期、三期と続いていくんだよ。ただ、オレの想い出としては、どうしても加山さんになっちゃう。

タブ　ライブでもご一緒されたそうですね。

エド　だいぶあとになるけど、ケネディハウス銀座なんかでもね。楽屋ではいろんな話を聞かせてもらった。『エレキの若大将』じゃ、加山さん、監督に本気で怒ったらしいよ。ストーリーの中で、加山さんが恋人の星由里子さんに、「澄子さんを想って作ったんです。聴いてください」って『君といつまでも』を披露するシーンがあって、加山さんはその一番を歌うわけ。ところがサビあとになったら、一緒に星さんまで歌い出す。「曲を初めて聞いたはずの彼女が何で歌うんだ?」って加山さんが抗議したら、監督、「映画ですから」って。

タブ　テキトーなんですね。

エド　でもさ、同じ映画で、加山さんのバンドは勝ち抜きエレキ合戦で、インストゥルメンタルで闘うはずが、歌って優勝してるんだよ。石原裕次郎さんの『嵐を呼ぶ男』が、ドラム合戦なのに手をケガして、歌って勝っちゃうのと一緒。みんな、けっこういい加減なのよ。1985年、NHKの『加山雄三ショー』って番組で、オレ、「あの、ベンチャーズからもらったパールホワイトのモズライト、どうしてます?」って聞いたのよ。もうエレキ・ファンからしたら、ベンチャーズから加山さんへ行ったのなら、「伝説の名器」じゃない。お宝もん。そしたら加山さん、「あ、どうしたっけなぁ。物置きかな」。あの人も相当テキトーなのよ。94年にハイパーランチャーズ組む前の話。

タブ　エドさんにとって加山さんの影響は大きいんですね。

エド　そりゃそうだよ。やっぱりベンチャーズ、寺さん、加山さんは偉大なる先人だもん。ただね、女のコにモテるためには寺さんじゃなくて加山さんになんないといけない。あの人はサーフィン、エレキ、作曲、スキーに水泳ともう何でもできちゃうでしょ。とてもマネなんかできない。音楽の世界でも、加山さん以外、あんなにあっさりとアマチュアからプロになっちゃった人はいなかった。

“おひとりさま”とはいえ、エドさんにはバンド仲間がいっぱい。アイ高野さんの店で。

タブ　唯一無二ですね。

エド　そうなんだよ。加山さんが世の中に与えた影響、音楽の世界に与えた影響ってすごいからね。

タブ　それまで、アマチュアの作曲家がレコード出してヒットまでするってなかったですもんね。

エド　しかも英語はペラペラで、自分で船まで作っちゃう。オレ、加山さんのソノシート持ってて、そこで子供のころ、父親から木材を盗んできて自分で船作って、メチャクチャ怒られた、みたいなエピソードも告白してんの。そういやあの頃、ソノシート、いっぱい買ったな。ベンチャーズの8曲入りって360円で買ったら、みんな日本人が演奏してるまがい物。あればヒドかった。それくらい日本自体が遅れてたんだな。インチキビートルズだって気が付かなかったんだから、仕方ないか。

タブ　そのあと東京ビートルズやクレージー・ビートルズも出ましたね。

エド　スリーファンキーズやクール・キャッツもビートルズ歌ってた。「ヘルプ」が「助けて!」だから感じ出なかったな。あと東京ビートルズも「イエスタデイ」を「昨日（さくじつ）」ってやって、なぜかそのあと英語で歌ってたの聴いて、どうせやるなら、全部日本語にしろよ、と思った。GSも、要するにベンチャーズが出てエレキを知って、ビートルズをマネてヴォーカルを入れて出来上がったようなもんだからな。あの山下達郎氏だって渡辺香津美くんだってベンチャーズ聴いてエレキ始めたみたいだし。

楽屋で筋肉隆々だったアイ高野

エド　振り返ってみたら、66年あたりフォーク・ロックやサイケも出てきて、けっこう賑やかだったよね。シャープ・ホークスも確かこの年デビュー。

タブ　歌って踊れる感じですね。

エド　当時の日本のトップはブルージーンズとシャープ・ファイブかな。加山さんのランチャーズはちょっと亜流っぽかった。それで外国だとビートルズにベンチャーズ、それにローリング・ストーンズが入る。

　ホリプロの中にいた田辺昭知さんが「スパイダクション」て作って、タイガースをスカウトしようとしたのも、この前後。その頃、まだファニーズって時代だったけど、かまやつさんが「ナンバ一番」に出てた彼らを、「東京来るなら、ウチおいでよ」って誘ってた。そしたら、いつの間にかナベプロと組んでた内田裕也さんが、東京に連れてってタイガースにしちゃった。だから、最初はタイガースはステージで裕也さんとも共演してる。そのうち、「お前はいらない」って裕也さんだけはずされちゃったけどね。裕也さんはナベプロに借金があったとかの噂もあったな。それで、じゃあ、っていうんで、田辺さんたちはダンスの中川三郎さんのスタジオに出入りしてたテンプターズを引っ張って来たんだよ。

タブ　スターが出揃ってきたんですね。

エド　ただ さ、テンプターズもタイガースも、もともとはストーンズを目指してやってきてたんだよ。だから、アイドル路線はきっと抵抗あったと思うよ。テンプターズの大口くんも、後でオレに「ロック追っかけてて、レコードじゃ『おかあさん』てのはないよね」って。ステージでは、どっちもオリジナルはやんなかった。ジャガーズなんかでも、『君に会いたい』はやんなかったな、歌謡曲だから。カーナビーツあたりは、必死で洋楽にこだわってたね。

タブ　アイ高野さんがガンだったのはご存知でしたか?

エド　90年代くらいになると、オレが司会でGSのグループが何組も出るようなコンサートがよくあってさ。中野サンプラザの楽屋でアイ高野くんが上半身裸でいて、筋肉隆々なの。「鍛えてるね」って声かけたら、「違うよ、抗がん剤の副作用だよ」って。ああ、そういうことか、と納得した記憶はあるよ。確か55歳で亡くなった。オックスは、出て来たのはどっちかっていったらGS後期だな。今でも岡田志郎ちゃんとは付き合いがあって、よく昔話するんだ。豊島園で夏にやった時にはバタバタと失神が出て、50人以上倒れちゃったって。

タブ　それだけ失神ブームがすさまじかったんですか?

エド　夏場で興奮状態で暑いところでずっと待たされてたんだから、何人か倒れるのもしょうがなかったのかもしれない。タイガースも、奈良のあやめ池で、観客が将棋倒しになる事故があったでしょ。それからもう、GSは「不良」のものだから、学校では入場禁止になったりしたんだ。オックスの公演なんて、チケットは売れてるのに、先生たちが入口で待ち構えてて、ほとんど客が入れなかったりね。

タブ　エレキが不良の象徴みたいな時代はありましたよね。

エド　別にエレキやってる連中は、ただの音楽好きで不良でもなんでもないのに。エレキが不良なら加山さんは不良かよ、って言いたかったくらい。ライブの周辺にたむろしてる連中の中には、いろいろいたかもしれないけど。寺さんなんか怒ったね。わざわざ「エレキは不良のものだから、コンサートに行くな」ってお触れが出てた学校に抗議に行って、その場で先生に、「あなたはどんな音楽が好きなんです？」って聞いたらしい。それで「民謡とクラシック」と答えたんで、じゃあエレキで民謡やクラシックやる、と『津軽じょんがら節』やベートーベンの『運命』をアレンジした『レッツ・ゴー運命』なんかを出した。

加瀬さんと寺さん

タブ　加瀬さんと寺内タケシさんは、仲はよかったんですか?

エド　後半はムチャクチャ悪くなってたね。ただ、はじめのころは、やっぱり体育会系のタテ社会だから。加瀬さんはさ、慶應8年かかって出てて、もう大学のころからバント入ってたから。

タブ　清野太郎さんのキャノンボールですね。

エド　そう。あれが解散になって、ホリプロの堀さんにいきなり「きょうからスパイダースに行け」って言われた。その後で寺さんに誘われたの。「エレキバンド作りたいから来いよ」って。それで「ベンチャーズやれますか?」「やれるよ」ってなって、もう浅草の「新世界」ってジャズ喫茶で、スパイダースの1ステージ目で、「やめます」ってアンプ持って階段降りて、そのまま新宿ACBのブルージーンズんとこに行っちゃった。田辺さんなんか、「加瀬、コノヤロー!」って怒りまくっても、ドラムだから動けないの。

出た！　土浦が生んだエレキの神様！

　ところがさ、あとで今度は寺さんが、ナベプロを離れて寺内企画作ろうとするじゃない。そん時、メンバーに「お前ら、一緒に来るよな」って聞くと、加瀬さんだけ「ぼくは行かない」って。それで寺さんは「結核になったんで、しばらくお休み」宣言して、もちろん結核なんてウソ。ブルージーンズは、なぜか「加瀬邦彦とブルージーンズ」になっちゃったって。ところが『ウエスタンカーニバル』のステージに上がったら、センターにはなぜか裕也さんが立ってたりして。まあ、寺さんと裕也さんと加瀬さんを巡ってはいろんな話がある。みんな本人たちから後で聞いた話だけど、いろいろあって寺さんと加瀬さんは仲が悪かった。

タブ　加瀬さん、そのあとがワイルドワンズですか？

エド　『平凡パンチ』でメンバー募集やってたもんね。そん時、オレはちょうど名古屋で浪人してたわけだけど、もし東京にいたら、絶対にオーディション行ってたと思う。やりたかったもん。メンバーの島英二さんとは、だいぶ経ってから、一緒に「六本木ベンチャーズ」って作ろうかって話になったのに、ダメになっちゃった。オレも島さんもどっちもリズムギターやりたくて、うまくいかないわけ。

タブ　GSのギタリストとして、エドさんが一番うまいと感じた方はどなたですか？

エド　寺さんか、シャープ・ファイブの三根（信宏）さんかな。三根さんはギタリストとしてはうまいのよ。ただ、寺さんはパフォーマンスがうまいんだ。加山さんもいいけど、ちょっと二人に比べると薄いっていうか、色が弱い。寺さん、歌謡曲のバックなんかで演奏すると、じゅんとネネとか、黛ジュンの曲なんかでも、テレビで見てて感動したもん。それに、独特のブルージーンズサウンドっていうのがあるんだ。『津軽じょんがら節』のB面に入ってた『黒田節』とかカッコいいよ。

タブ　加瀬さんはどうでしたか？

エド　ギターはオレよりヘタかもしんない。加山さんも含めて、NHKでみんなで演奏した時、「この人のギターはノリが三味線みたいだ」と感じたの覚えてる。ただプロデュース感覚はあったね。ワイルドワンズのデビュー曲でも、会社側は、もともと知られてた『ユア・ベイビー』でいこうとしたのに、『想い出の渚』じゃなきゃオレはやめる、って断言して当てたから。

濃密な4年間

タブ　エドさんの学生時代はGSだけではなくて、フォークも出てきてましたね？

エド　いた。カレッジフォークね。ただ慶應とか立教とかカネ持ってるとこのコが多い大学はエレキが多くて、専修だ、明治だ、早稲田だってのはフォークのイメージだった。エレキってカネかかるから。でも女のコにモテるのはエレキの方で、オレなんか、わざわざ中身入ってないエレキのギターケース持ってナンパしてたりした。

タブ　シンガーソングライターみたいな人も、出始めた？

エド　前にも話した、専属作家制度が壊れたってのも、影響してんじゃないの。洋楽レーベルでGS出してくうちに、カレッジフォークもだんだん職業フォークになって吉田拓郎とか泉谷しげるとかになっていったじゃない。そういう流れがあるから、オレが『六本木ララバイ』作れたり、タブレットさんだって自分で作った曲出せたりするようになっていったわけでしょ。

タブ　GSはレコードを出すまでが大変だったみたいですね。

エド　事務所の方はそんな考えなかったんだから。スパイダースがはじめホリプロにいて、社長の堀さんにレコード出したいって言ったら、「そんなのカネにならないよ。もっとライブで客集めろ」って言われたらしい。誰かが仕掛けたっていうより、世の中のムーブメントで、ああいう流れが生まれて来たらしいんだな。ベンチャーズとかビートルズが当たってるんだから、日本でも出ていいだろうみたいな。でも、レコーディングなんて、相当悲惨だったらしい。当時、2チャンネルでさ、日吉ミのあとにオックスが録音、なんて平気であったみたい。えらいこったよね。使う楽器は多いのに。普通にやったら音がグルグル回っちゃう。それでどうしようかみんな困ってたら、田辺昭知さんが「じゃ、ツイタテ立てれば」。楽器ごとにツイタテで仕切れば回らないって。本城さんが言ってた。

なんだこれ？　『夜もヒッパレ』臭ただようレアな一品。

タブ　ＧＳによって、日本の音楽は世界に追いついたって言えるんでしょうか？

エド　そりゃちょっとどうかな。鹿内タカシさんでもピンク・レディーでも、いろいろアメリカ行ってチャレンジしたろ。小柳ゆきなんかも行ってる。でも向こうじゃ、あんなクラスは何千何万といる。フランスもシャンソンだけだし、イタリアはカンツォーネ。やっと、イギリスがアメリカと同じ英語で、ビートルズは「大英帝国の逆襲」なんて騒がれたけど、結局、日本人が向こうのマネだけしたって、本場・アメリカでは通用しない。ＧＳの連中は、「オリジナルなんてオレたちの本当にやりたいもんじゃない」って、必死でマネしまくっても、マネは所詮マネなんだよ。

ただね、オレ、今でも東京ベンチャーズでベンチャーズのコピーやってるんだけど、ベンチャーズのＣＤ聴いたり、自分で演奏したりするたびに、「あ、これはこうだったのか」って新しい発見があるの。必死でマネる楽しさが、オレもよくわかるんだな。マネはマネってことにまず気付いたのがブルコメだったんだと思う。「やっぱり日本は歌謡曲だ」ってさっさとそっち行っちゃったから。ＧＳの後継者みたいに思われてるサザンの桑田くんも、『チャコの海岸物語』なんて演歌だろ。『いとしのエリー』にしても、マイナーコードを入れて、日本人が食べやすいように作ってる。そもそも彼自身、子供の頃から歌謡曲大好きなんだから。

タブ　GSは歌謡曲の中に吸収された、と?

エド　いや、何度もいうように、専属制度を壊していって、自分たちで作りたい曲を出せる時代に変えていったのを含めても、日本の音楽史に衝撃を与えた4年間だったと思うよ。そのあとも、GS関係の人たちからアーティストだけじゃなく、作詞作曲家やディレクター、マネージャーが巣立っていって次の音楽界を作ったわけだし。あんな濃密な時間は、その後もないんじゃないか。

◆◆◆◆◆◆◆◆◆◆◆◆◆◆◆◆◆◆◆◆◆◆◆◆◆◆◆◆◆◆◆◆◆◆◆◆◆◆

「もう一杯いきましょう」「いや、もうイーデス・ハンソン」という古典的なギャグがあります。いや、ないか。

『青い瞳』は「青い目の嫁はん」ことイーデス・ハンソンさんをイメージしたと作詞をした橋本淳さんがインタビューで語られていたのは確かに記憶があります。子供の頃「全日本プロレス中継」を兄と見ていると、「あら、またハンソンさんが客席にいるじゃない」

とプロレス嫌いの母がそこだけはきっちり子供たちに報告してくれていたので、早いうちからイーデス・ハンソンの免疫はついていました。でもいかに「イーデス」と肯定ばかりしている彼女も、ミスター林のやたら早い3カウントのテキトーなレフェリングだけは「イヤですハンソン」だったのではないか？　ミスター林って沼田爆に似てますよね。沼田爆、ウィークエンダー……。

あ、エド山口さんのお話です。

「人はGSの話をすると鼻の穴が1ミリ広がる」という諺がありますが（ないです）、やはりエドさんもGSに対する思い入れはひしひし花菱エコーズと伝わってきます。GSをオンタイムで原体験された方は皆、そこにあこがれとあきらめ、両方をないまぜに、お砂糖の代わりにシュガーカットを入れたコーヒーを啜るような侘しい哀愁も垣間見えます。やはり日本人に生まれた以上、ビートルズにはなれないという、代用品にしかなり得ないあきらめというのかな。ところでシュガーカットのあのパッケージの外人みたいな顔、誰なんでしょう。ひょっとして、イーデス・ハンソン？　ぼくはいつの日か、歌っているさなか客席にイーデス・ハンソンを見つける、そんな瞬間を夢想しているのですが、今のところそんな気配は1ミリもありません。

業務連絡。

山中さん。

GS研究家・故黒沢進先生の弟子兼相模原特派員であるぼくとして、エドさんともっとこう、含蓄のあるせめぎあいをしていた気がするのですが、こんなに淡白でしたっけ？例えば、シャープ・ホークスの話題に対して「歌って踊れる感じの？」これだけだったり。初期には加古幸子という女性がいてこれがのちに金髪演歌歌手サリー・メイに。阪急の白石投手と別離したあと30代でひっそり亡くなりましたよね？

このくらいのこと言ってたような……。え？ そんな情報いらない？ 山中式シュガーカットおそるべし！

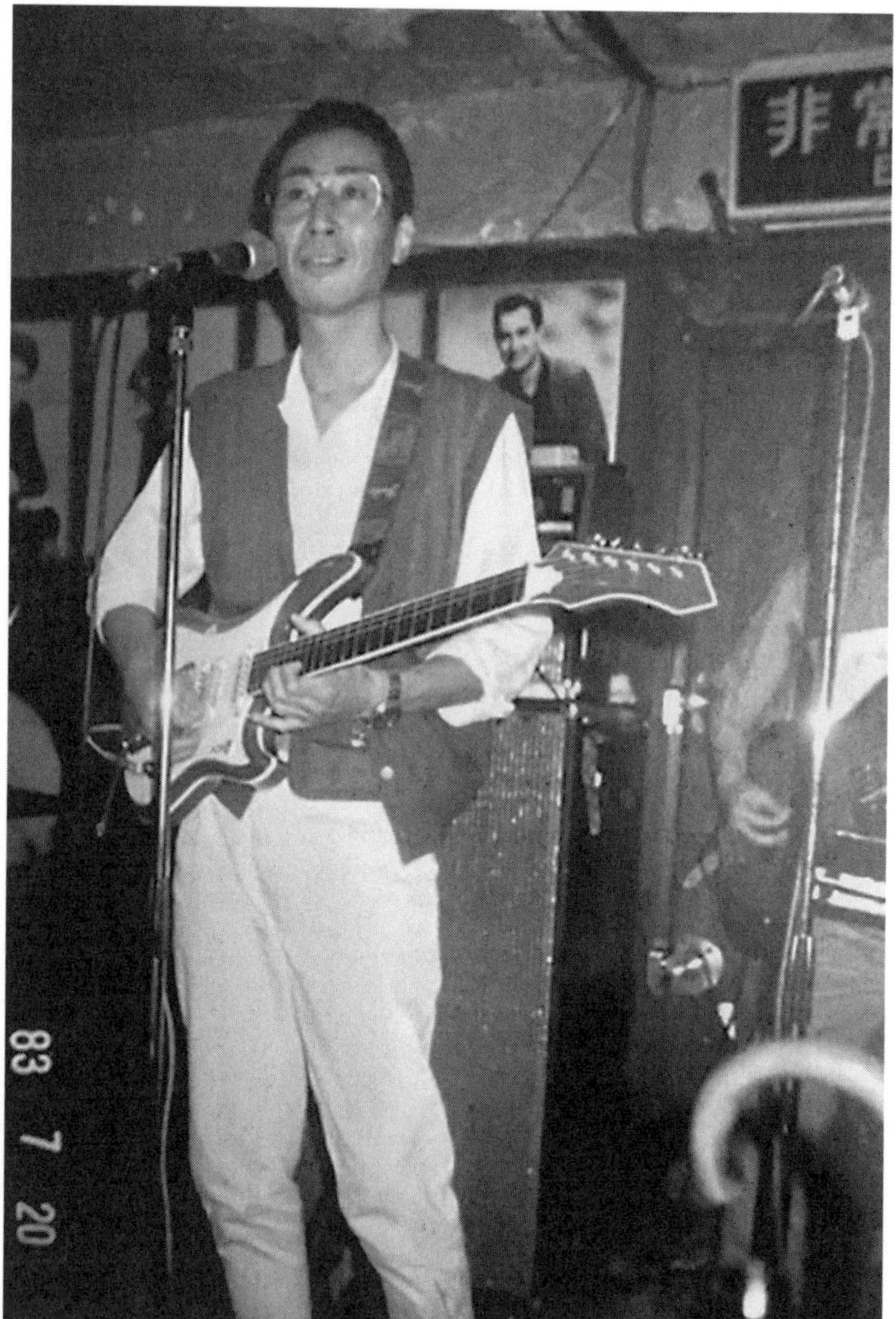
83 7 20

第六章

死ぬまで「正統派」になるもんか！エド山口。「自分＝二線級芸能人」を語る！

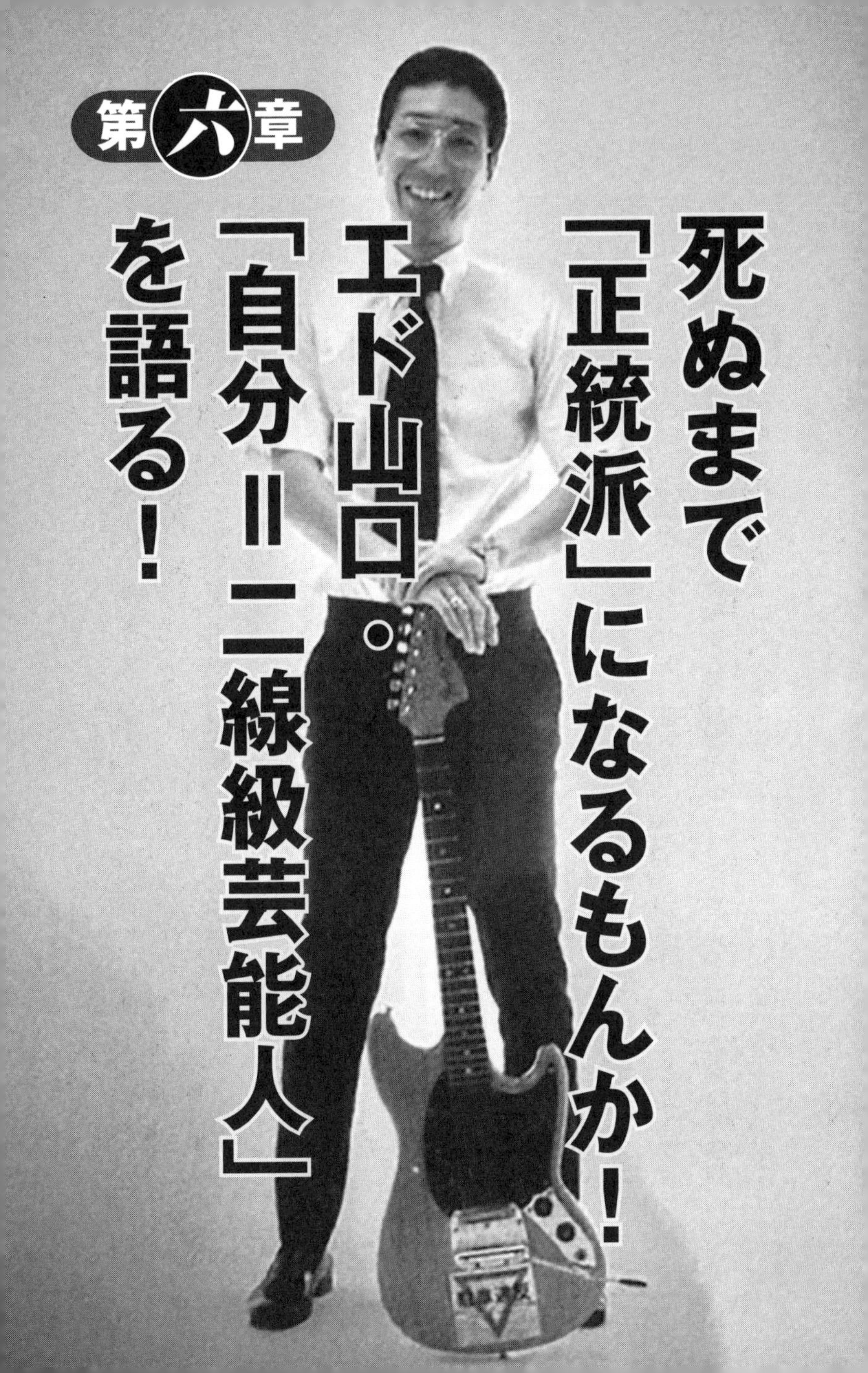

確固たるリサーチではないのですが、どうも若い女子たちの間では、ちょっとした「おひとりさま」ブームが広がっているらしい。

つまり、一人で居酒屋に行ったり、温泉に行ったりと、誰にも気がねせず、一人で好きなものを堪能し満喫するというそれです。

しかしぼくは、この風潮にやや懐疑的であります。どーせ彼女たちは、運ばれてきた料理をパシャパシャとスマホで撮ったり、湯船に浸かれば己の足の１本も角度を替えたりしながらちまちまと画像に納めることでしょう。

それでインスタだかナンダカにあげるのです。

人の悩みに半世紀以上えんえんと答え続ける〝悩まれ鉄人〟こと加藤諦三さんがかつて「メランコリー親和型っていうタイプがあります。彼ら彼女らはみな、中身よりそれをしたという経験に飢えてるだけなのです」と若者を相手に仰っていましたが、それは結局外部へのツールを求めているだけの行為なのではないか？　真のおひとりさまは、きっとスナフキンのように静謐なもの。しいていえばムーミン、彼ならカバみたいな顔してるしいいや、と特定の者にしか内なる大事な想い出は披瀝しません。そう、昨今のおひとりさま女子には「孤独を愛する力」が足りていないのです。孤独。その昔、国際プロレスに来ていた〝流血王〟ダニー・リンチは、自らの額の傷を、控え室で縫い針と糸でちょろちょろと、由利徹のように自分で縫っていたといいますが、孤独とはこれくらい深いものでなければならないのではないでしょうか？

エドさんの超絶トーク。カメラが回っているわけでもなく、山中さんの廃品回収のようなスマホが作動しているだけの空間なのに、我々は毎回抱腹絶倒。持って生まれたエンタメ魂に、ぼくは合いの手どころか、蟹が吹く泡粒ひとつくらいしか発していないままお開きになることも。そんな不甲斐ない自分を恥じる瞬間、ぼくは何度となくエドさんの「孤独」を見ました。「いけね、ちょっと話し過ぎちゃったかな」という、ちょっぴりひりっとしたそれを俯きながら下唇を舐める、後悔に似た優しさの顔。ぼくはエドさんと接しながら、いつしか「喋り過ぎたスナフキン」、そんな称号を密かに「おひとりさま宇宙」の中だけで捧げていました（ゴメンナサイ！）。

こんなにフレンドリーでバイタリティーに溢れていて、お仲間も沢山いるのに、どこか孤独が煙るエドさんが好きになりました。繊細で、素敵な人に違いありません。きっとペヤングソース焼きそばの、歯の窪みからやっと取れた乾燥紅ショーガは、しばらく口中で慰めてあげてからそっと嚥下する。そんな夕暮れを知る男なのです。

酒が進むと、
エドの喋りも
ますます絶好調に。

YouTubeでは、亡くなっていった人を見送る

タブ　ぼくは歌手でもお笑いでもぺーぺーで50近いんですが、今後どうしていったらいいか、アドバイスをいただけませんか。

エド　アドバイスもなにも、きのうときょうが同じじゃつまんないくらいの感覚、それがあるだけでいいんじゃない。オレもここ数年、コロナでずっと家にいて、ネットとビデオで刑務所みたいな生活、きつかったけどね。タバコが自由に吸えるだけの刑務所。

タブ　それでも落ち込まなかったですか?

エド　困ったよ。金稼げなくて仕事もなかったから。ま、言ったところで仕方ない。ただYouTubeはコロナで始めたんじゃないの。カミサンが4年前の暮れに「パパさあ、ラジオもいんだけど、NHK以外はローカルでしょ。それなら、ネットもい

いじゃない」って。オレ、以前、週ラジオ3本で12時間半もナマで喋ってて、ぜんぶオレの選曲だからね。ラジオ日本じゃゲスト入れて、加山さん、加瀬さんとかみんなブッキングしてた。加山さんが来てくれた時は局も部長以下、みんなお出迎えでノーギャラ。

タブ　壮絶なタダ働きですね。

エド　ほんとはもう引退でいいんだ。定年から10年すぎて75だろ。昔、「村の渡しの船頭さんは、今年60のおじいさん」なんて歌もあったし、信玄は50で死んでて、サザエさんの波平だって51、フネが48くらい。昔は考えられなかった。だったら、YoeTubeで亡くなった人たちの話をしてもいいかなって。亡くなった知人も多いし。

タブ　確かに死んだ人の話が多い。

エド　鮎川誠さんなんて、ぜんぜん付き合いはない。ロックンロールだから。でもリリーズは毎年暮れに原宿の「ラドンナ」ってリリーズがプロデュースの店にオレも出てるから。リリーズの妹さんの方も亡くなったな。

タブ　兄弟といえば、エドさんも、モトさんとご兄弟ですね。

エド　うちは一時、冬樹が売れて、変な距離感があったの。ただ、ウチの娘が生まれると、あいつ、おじさんでしょ。そしたら距離が縮まっていった。狩人はヒドかった。札幌のデカいステージで『あずさ2号』歌うじゃない。高道のあとの兄ちゃんのピンスポがちょっと遅かった。そしたらステージ上で兄ちゃん、「バカヤロー!」って怒ったらしい。一度、兄ちゃんから「一緒にバンドやってみませんか」って誘われて、「アニーズ」って1日だけ組んで「タクト」でやったことがある。「『あずさ2号』2回やるの疲れる」って言うから、「お客さんはあれ聴きに来てるんだよ」って2回やってもらった。

ドラマではワキだけど、釣りやDJは主役

エド　いろんな仕事したな。まず最初はバンドで音楽関係でしょ。それから『お笑いスタ誕』で営業で、落語家の人達とも付き合いが出来て、ドラマ出て役者とも付き合いがある。作詞、作曲するから歌手とも付き合いがある。で、平泉成さんが言ってた。二時間ドラマで西伊豆の土肥温泉だったかな。商工中金の副社長で殺される役

なんだけど、柴田恭兵さんが主役の刑事のドラマで、ロビーで座ってたら、平泉さん、「エドさんいいよな。なんでもできるもん。オレ、芝居しかできないもん」「でもケーナ作ってるでしょ」。

タブ　平泉さんのケーナ作りは有名ですね。

エド　それで考えたの。小林稔侍さんは素晴らしい役者だけど、でもあの人は作曲はできない。ネタもできない。高倉健さんはカッコいいけど、ギターは弾けない。そう思うと気持ちが楽になるの。オレ、ドラマで主役はない。ぜんぶワキ。基本的に子供番組でも子供が主人公。バイプレーヤー。だけどラジオのＤＪじゃ、オレ主役。バンドでも主役。作詞・作曲もそう。で、車好きで一人で運転してても主役。磯釣りも一人でいけば主役。

タブ　多芸ですよね。

エド　昔、卓球部にいたんだけど、相手がいれば、卓球もシングルスで一人でできるじゃん。釣りはウチのオフクロが名言残してくれた。オレ、釣り歴は53年だけど、オフクロは「お前は釣りに救われたね」「なんで」「海に気を使う必要ないだろ。お前、気を使うタイプだから」。

釣りは、もはや完全に「プロ」。

タブ 芸能界では、釣りのお弟子さんがいっぱいいるとか。

エド あいざき進也くんも赤信号の小宮くんも弟子だし、死んだシルビアや沖田浩之くんも弟子なの。まあ安岡力也さんとも釣り行ったけど、あの人は弟子じゃない。小宮くんに言ったことある。「趣味はなんですか?」って聞かれて「釣り」って答えない方がいいって。「キミの釣り見てると、趣味じゃなく、レジャーとかレクリエーション」。趣味っていうのはストレスたまるからね。テニスでもいいボレーが入らないとか、釣りでもあの時、糸替えとかなきゃ、とかね。ストレスたまるのが趣味。たまらないのはただのレクリエーション。あいざき進也くんはすっかりストレスためるようになってる。

タブ その考えは仕事にも生きる?

エド 仕事のヤなことを釣りで解消するなんてダメなんで、そっちはそっち、こっちはこっち。よく、クサクサするから海に行くなんてのは、海に失礼だと思う。とにかく趣味はストレスたまる。ゴルフだって練習しててストレスたまるでしょ。それが向上心につながっていくわけ。「いや、打ってて楽しかった」だけじゃ絶対にうまくならない。

日本人離れした江戸っ子

タブ　エドさんを見ていると、そんなにストレスためてない気もしますが。

エド　ポジティブなのかね。オレ、アメリカンナイズされてるのかも。それでいて江戸時代感覚の人間なの。江戸がベイシックにあって、英語喋れないけど。前にニュージーランド25日、釣りで行ってたのよ。96年かな。2月で南半球は夏でしょ。15分番組26本作ろうって行ったの。で、ニュージーランドで撮って、また10月にもオーストラリアに26本撮りに行った。たとえばニュージーランドで車で走ってるとノースフォークって木があるんだけど、英語でこの木は何ていうのか聞けない。でも日本語交じりで、何とか聞き出していくうちに現地の人間と自然に仲良くなっていったりする。

タブ　生活の方でも順応性があるんですか？

エド　ホテルとモーテルの違いって、ホテルなら小さくてもバスタブがあって、モーテルはシャワーしかない。向こうのモーテル泊まって、あ、オレ、シャワーで生きていけるってわかった。温泉なんか入らない。冬場よっぽど寒いと、ちょっと宿の風呂につかるくらい。英語喋れないのにギャグ飛ばすんだよ。「日本人がみんなお前みたいなタイプならよかった」って。どこでも生きていけるタイプ。

タブ　日本人離れしてるタイプ？

エド　グッドモーニングって言うと思ったら、誰も言わないんだよね。もう「モーニング」だけでいいの。カメラマンに言われた。「ほんとに、物おじしませんね」って。港があって、船で帰って来たら、すごいクルーザーに短パンのオヤジがいて、水着のいい女もいる。アジを釣って、それを生餌にヒラマサを釣るらしいんだけど、その「サビキ」、韓国製で釣れないの。で、オヤジのところに行って、「これ使うといいよ」ってオキアミを付けてあげる。カメラマンに「どうして喋れないのに行くんですか」って呆れられた。

タブ　コミニュケーション力が高いんですね。

エド　ホームレスが好きで、新宿西口地下にいっぱいいた頃、あったじゃない。オレ、山梨放送で番組やってて、帰ってくると馴染のホームレスと喋るようになる。「タバコ吸う?」「おう」なんてね。ホームレスと一緒に多摩川でバーベキューやったり。

後に台風で流れて死んだ人もいた。テレビに映ってたよ。新宿西口公園でキレイ好きなホームレスがいて、テントの中をホウキではいてたり。だったらちゃんとした家に住めよと言いたくなる。キレイ好きなホームレスってよくわかんないよね。

ヒット曲ではなく、ヒットしてなかった曲が好み

タブ　山梨放送の話が出たところで、ラジオＤＪのお話も聞きたいんですが、やっぱり選曲はエドさんの好みを押し通したんですか？

エド　当然。いろんなジャンルの曲かけるよ。昭和38年、ベンチャーズのシングル４枚出て、39年に『パイプライン』がきた。オレ、もちろん夢中になってたけど、歌謡曲も大好きだったんだ。買った最初のシングルレコードは園まりの『夢は夜ひらく』。エレキと一緒に青春歌謡も好きだったわけ。直木純なんて知らないでしょ？

タブ　直木純？『太陽の渚』の？

エド　おー、知ってるの。新橋に山野の出店があって、発売日にはぜんぜん売れてない新人歌手とか探すのが好きだった。前に金沢でディスコがオープンするんで、しば

らく金沢にいたのね。そん時に犀川って川が流れてて、橋の上にいた。そしたらうしろにライトバンが信号で止まって、ラジオから流れたの。歌詞の中に「昔聴いたあのシャンソン」って入ってる曲。で、気になって山野に行ったのよ。今から歌う歌探してって。ここしかわかんない。そしたら一週間後、「ありました」って。飛んでったら、『青葉城恋唄』のB面。ウチにあるじゃん、とか。クール・ファイブの歌でこれわかんない？　って一節だけ歌って、探してもらったり。昔はそういうことしてくれる店員がいた。今はいないけど、新橋の山野の支店。

タブ　試聴もできた？

エド　できた。たとえば太田裕美でも、オレは『木綿のハンカチーフ』は好きじゃない。やはり『赤いハイヒール』のがいいとか。城みちるだと『イルカにのった少年』じゃなくて、『君はエンジェル』でなきゃとか。田中健さんがあおい健で『純愛時代』がデビュー曲だけど2曲目の『君こそ奇跡』。そっちいかないと。清水健太郎は『失恋レストラン』より2曲目の『帰らない』。ワイルドワンズなら『想い出の渚』じゃないの。加山雄三さんは『君といつまでも』じゃない。やっぱりちょっとマニアックに行く。

タブ　そういう気持ちって、よくわかります。

エド　千葉紘子なら、『郵便局』っていい歌なんだけど、だいたい『折鶴』にいく。もともと『京のにわか雨』で小柳ルミ子のアルバムに入ってた曲だから。同じ日に千葉紘子がシングル出してて、小柳ルミ子は出してない。作曲は浜圭介さん。浜さんは峰竜太に顔が似てて最近太ったけど。酒飲むとクセがある人。

タブ　酒癖が悪いとか？

エド　酒癖悪い人っているよね。森田公一さんとか。三浦洸一先生も酒癖ひどい。『踊子』とか、歌い方も謹厳実直なのに、酒飲んで何杯目かでガラッと変わる。地方の営業で小野ヤスシさんとオレと三浦先生と女の子たちで飲んでて、飲んでるうちに三浦先生、目つきが変わってく。「お前、歌なめてんだろ」って暴れ出す。マネージャー入ってきて、首っ玉持ってひっぱってっちゃう。

ところが翌日会ったら、また紳士に戻ってて「おはようございます」って覚えてないのよ。おぼん・こぼんのおぼんさんに聞いたら、おぼんさんもやられたらしい。昔、旅館にいたら、いきなり部屋に入ってきて、「てめーら、歌なめてんだろ。いいから座れ！」って言われたんだって。おぼんさんいわく、「オレたち、座ってるのに」。

タブ　テレビで見るイメージからは想像つかないですね。

エド　あとはジェリー藤尾さんね。西麻布でヤクザに絡まれて、絡んだやつボコボコにして留置所入ったとか。新宿で用心棒やってたくらいだから。ヤクザに顔切られたりもしてる。それでとにかく話が長い。大阪の千里阪急でテレフォンショッピングの撮りの帰り、ジェリーさんの顔見て「やべー」と思ったんだ。「エド」「はいどうも」って一緒に飲みだしたら、ジェリーさんが「バカヤロー、キリンビールがねーのか」って支配人に怒りだして。こわかった。オレはアサヒでもいいのに。

あと鈴木ヤスシさん。ふだんは穏やかなんだけど、「ジェニジェニでお馴染の鈴木ヤスシです」って。あと小坂一也さんも。飲んだ途端人が変わる。ふだん抑えてたんだろうね。鈴木さんなんか堤大二郎くんと新幹線のグリーン車で大喧嘩してたくらい。

タブ　エドさんは交際範囲、広いですねぇ。

エド　まあ爆笑問題の太田光くんとも話したけど、オレは「顔はむちゃくちゃ広い分だけ、肩身が狭い」。業界長いから仕事したことない人がほとんどいない。

二線級芸能人

エド 結局、オレは「二線級芸能人」ってことなのかもしれない。ドラマでもバイプレーヤーばっかりだったし、一つの道を貫いてそこでトップになったわけじゃないし。もう、こっちの道がダメならあっち、東海道を途中まで歩いて、それがダメなら東山道、それでもダメなら中山道みたいな人生だったから。

タブ つまり一ジャンルにとらわれなかったというか。

エド だいたい、団体でやるものって、あんまり得意じゃなかった。スポーツでも野球とかサッカーはやんない。卓球だったから。個人競技のが得意。ＤＪや作詞・作曲や、釣りだってそう。一人でやってるもののが楽なんだな。

タブ でも、バンドでは、ずっとバンマスでしたよね。

エド そうだね。「自分の城」には、いたかったってのはある。同じ趣味の連中が集まった集団の中なら、仕切り役も出来る。映画とかテレビドラマとか、デカい集団じゃトップに行きたいとは思わないけど、ベンチャーズやろうぜ！　じゃオレがまとめるってのは、ある。

タブ 事務所は何回くらい変わったんですか?

エド もう数えきれないよね、第一プロから始まって、田中健ちゃんと一緒の事務所にいたこともあるし、声優の事務所にいたこともある。結局、オレの場合は何やるにしても「おひとりさま」。バンドの仕事でも、釣りの仕事やラジオの仕事でも、自分で連絡して、自分で取ってきちゃう。大きな事務所なんかいたら、その自分で取った分まで歩合持ってかれる。ところが取った分だけ、別に仕事を回してくれるわけじゃない。だから、あんまり事務所にも頼らない。でも、個人事務所にすると、何かあった時の責任が全部こっちにきちゃう。それも面倒。

タブ 「おひとりさま」でいるのが気楽だった、と?

エド まあね。そういや、昔、お笑いで売り出した頃、「たけし軍団に来ないか」って誘われたこともあった。そりゃ仕事は増えそうでちょっとは気持ち動いたけど、断った。あそこに入ったら、どうやったって「たけしさんの下」でしょ。オレは自分がやりたいことしたくて芸能界いるんだし、わざわざ不自由になる必要もない。第一、オレはお笑いばっかりの「三枚目」にはなりたくないのよ。かといって、「二枚目」になる

東京ベンチャーズ。古典芸能ベンチャーズ継承一座。

のもご遠慮させてもらいたいんで、「二枚目半」のポジションがいい。江戸っ子特有の美学っていうのかね、「野暮」にはなりたくない。「粋（すい）」とまでは行かなくても、せめて「イキ」ではいたいってのがある。

タブ　事務所にガッチリ入っていたら、イヤな仕事でも受けないといけませんし。

エド　業務提携はいくつもやってるよ。いろんな事務所から「これ、やんない？」って来て、自分で「できる」と決めた仕事はやる。多方面外交かな。もちろん、出来ない仕事は断る。所属事務所がしっかりあって、仕事途切れない人は確かにうらやましい。個人だと仕事がよく途切れるから。けど、無理に増やすこともないでしょ、今さら。大々的に売り出す必要もないからプロモーションの費用ったってないし、そういう意味じゃ気楽なもんだ。

タブ　プロモーションも、まったくしてないわけじゃないですよね。

エド　山梨で5時間ナマのラジオやってたのもプロモーションていえばそうだし、YouTube始めたのも、もとの動機はそれ。あんまり仕事にはつながんないけどね。ま、オレは長年培ったコネはあるんで、どうにかはなる。純粋培養芸能人とは違うからね。

タブ　純粋培養、ですか？

エド　ほら、なんでもかんでもマネージャー任せの人っているじゃない。自分じゃ、電話の一つもかけられないみたいな。「一線級」のトップでやってきた人にはけっこう多いよね。トップにいたのに落ちてくると、支えきる底力がない。会社の取締役とか部長やってて、定年で肩書なくなったサラリーマンと一緒でさ、

タブ　上り詰めたら、現状維持か、落ちるしかない？

エド　オレは、「一線級」だった人が落ちていくのをいやっていうほど見た。すぐ横にいたからね。だから「二線級」でいる自分は、まあ悪くないなと思ってる。この前

亡くなった永六輔さんも、「芸能人は忘れられない程度にテレビに出るのが大事」と言ってたけど、その「忘れられないくらい」が大事ではあるな。そのへんがうまい人は、役者でも、自然に主役からわき役に転換して、生き残ってく。

「おひとりさま」に誇りを持ってる!

タブ　まだ、芸能界でこれをやりたい、という目標は?

エド　あんまり考えてないな。もう75になっちゃったのに、そんなに「老後」とか意識してないし、パワーとしてはデクレッシェンドなのはしょうがないとして、ごく普通にそれを受け入れてくしかないでしょ。昔はよかったっていったら、いくらでも語れる。バブル期は、営業で1日2、3カ所回るだけですぐ50万、100万円稼げたりしたのに、たいして貯金とかしてなかった。

タブ　江戸っ子気質?

エド　江戸は火事が多かったからね。職人はそのたんびに仕事があった。だから宵越しの銭は持たねぇ、なんてイキがっていられたんだな。芸能人でも、そういう宵越しの銭は持たないってタイプの人間はいっぱいいたね。あの渥美清さんは、「オレは板橋あたりのドブで倒れてそのまま野垂れ死にするのが夢」なんて言っておきながら、国民栄誉賞もらって、何万人の人に見送られて旅立っちゃったけど、バンドマンや役者は本当に野垂れ死にしちゃった人は多いよ。

タブ まさかエドさんは「野垂れ死に」願望はないでしょう？

エド ないない。オレはそんなのはムリ。医者の息子だし、「オレは畳の上では死なない。病院で死ぬ」ってはっきり言える。

タブ 今やってらっしゃるYouTubeの番組には、始められる目的は他にもあったんですか？

エド 「語り部」になりたい気持ちは、ある程度はあったかもしれない。GSの話にしても、もうオレたちの世代が語っておかないと誰もわからなくなっちゃう話ってあるでしょ。寺さんのことなんかでも、あれだけ「エレキの神様」って言われた人でも、もう身近で話が聞けたりした人間はどんどんいなくなってる。「生き証人」としての役目を果たしたい。オレにとっては「終活」の一種なのかな。

タブ 「死」についても、意識はあるんですか？

エド　なんかの拍子に、「ガンです」って告知されたりしたら、その時には考えるだろうな。ただし、真っ先に考えるのは、ビンテージもののギターを誰に譲ろうかとか、モズライト、オレが死んでも誰かに使ってもらいたいな、とは考えるかもしれない。ウチのオフクロは死ぬ前に、「通夜には誰に来てもらおうか？」なんて真剣に悩んでたんで、オレも同じかもしれない。だけどさ、オレたちってのは、人前でギターが弾けなくなったり、声が出せなくなったら、死んじゃうのとあんまり変わんないだろ。作詞、作曲にしても、死ぬまでずっとできるわけじゃない。体が死ぬ前に、どこでそういう「死」が来るんだろうってことは、いつも頭の中にはある。

タブ　釣りのほうはともかく、芸能の方ではお弟子さんはいないですよね。

エド　いない。師匠もいないし、弟子もいない。前から思ってたんだけど、落語って文字化できるんだよね。ちゃんと継承できる話芸だから。フリートークってのは、その場限りで消えていく。オレたちがやっている仕事は、まさにそのフリートーク。あとに残そうなんて想像もしない。一代芸だな。ただね、消えていくものには、消えていくものの良さもある。

タブ　今までの芸能生活も、決まったルートからは、いつもハズれた方を走っている感じですよね。

エド　そうだよ。釣りの番組を30年以上やってて、エレキバンドのバンマスやっててライブも開いてて、ラジオのナマ番組でＤＪやってる人間なんて、オレしかいないよね。

タブ　まさに「おひとりさま」。

エド　うん、そこには誇り持ってる。

◆◆◆

狩人は仲が悪い。

どこに行っても安定して、これだけは揺るぎない真実のようです。

三浦洸一は異常に酒癖が悪い。

これも、ぼくはマヒナ時代に和田弘さんからよく聞かされていたので鉄板です。

それにしても、エドさんはたぶん、芸能界を動物園に喩えるならば、飼育係のおじさん、そんな風情な気がいたします。どこか冷静に、芸能人という奇々怪々な動物たちを遠巻きに観察し、あやし続けている。彼らはみな、自分のことにしか興味がないのです。それに比して、エドさんは周りの秩序みたいなものに興味がありすぎる。ゆえに気を遣うし、優しすぎるのです。お母さまがいみじくも言われたように「お前には釣りがあってよかったね。だって海には気を使う必要がないだろ」。この世の中だと見たくはない深淵まで見えてしまうものばかり、ゆえに埋もれたB面曲を愛し、うそ寒いむき出しの「段取り芝居」を嫌い、「二線級」という名の中二階、そんなエレベーターの狭間に生きるのです。

そしてまた暗室で、剥製になったスタアたちに線香を手向けることも忘れない。真なる「おひとりさま」とは、ただ独りよがりなのではなく、供養の宿命を背負った巡礼のようなものなのかもしれない。ゆえにエドさんは、「おひとりさま」に誇りを持って、今日も旅をするのです。

それにしても狩人はいつまで仲が悪いのでしょう。狩ろうとするからいけないのではないか？「人はみなこの世に来た客である」を信念としてるのは江本孟紀さんですが、狩人のお二人は「客人（まろうど）」と改名するのはどうだろう？　兄弟と思うから腹が立つのかもしれないし、あずさ2号に死ぬまで乗り続けなければいけない宿命でもあるし。

エドさんの車窓には、花曇りに似た、むきかけの冷凍みかんが置かれているに、きっと違いありません。（声・石丸謙二郎）

80 9 26

番外・モト冬樹インタビュー
モト冬樹、アニキ・エド山口を語る

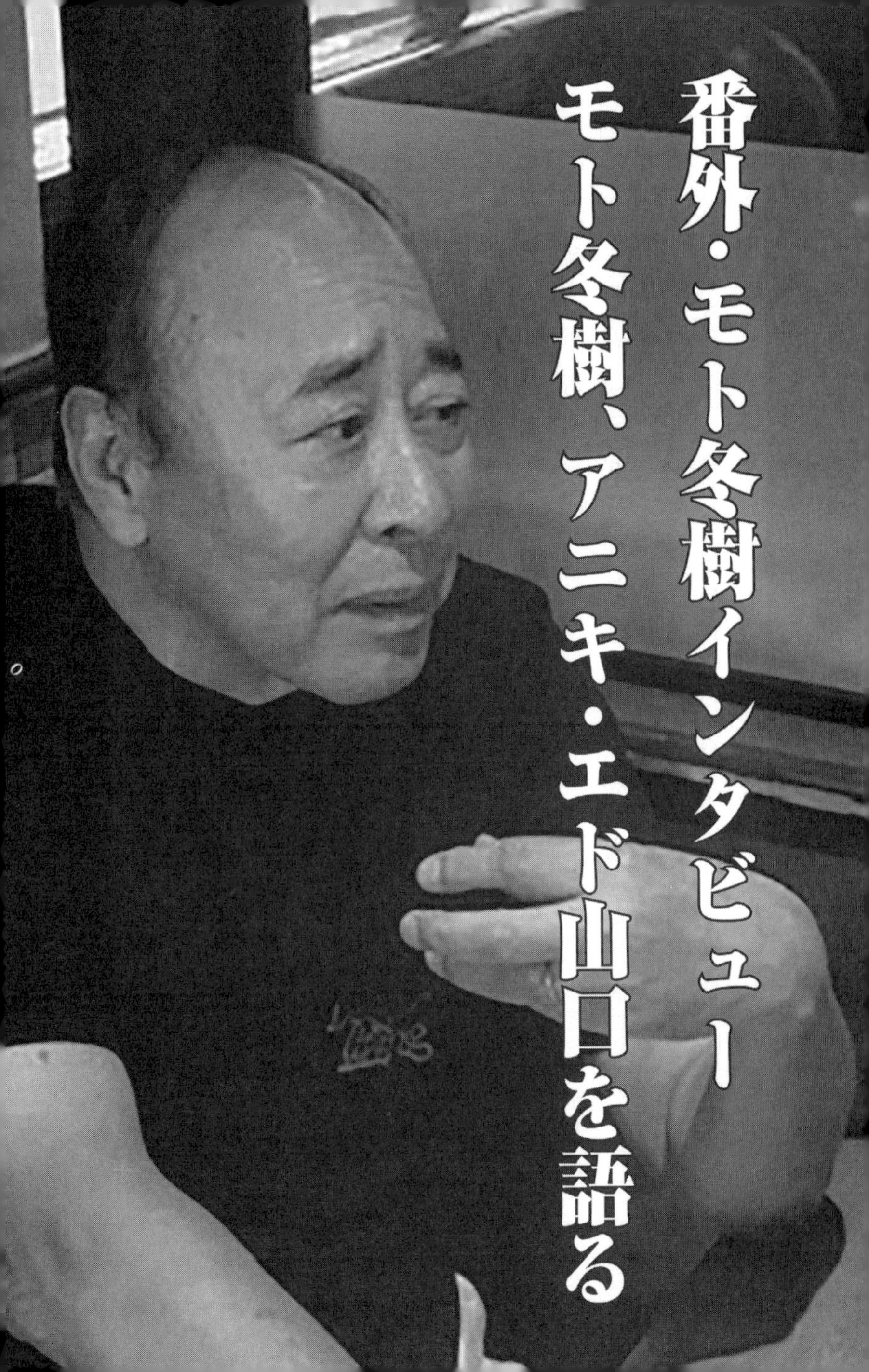

ぼくは男ばかり三兄弟の末っ子なのですが、思い返せば幼少の頃は、長兄が始めたことを弟たちが真似する、そんな図式が成り立っていました。長兄が切手を集め始めれば、やれ家中の封書をかき集め、切手部分を切り取って水にひたして剥がし、乾かしたそれをストックブックに陳列。長兄が「ゴミトラマン」という漫画を書き始めれば、次兄は「クミトリマン」(汚な!)、ぼくは「グズトラマン」を執筆。それはしかも長兄が自分のために考案したキャラで、他にはべっこう飴を舐めることでパワーを発し敵を倒す「べっこう仮面」というのも生み与えられました。長兄はまたやたら「運が悪いの巻」というストーリーを好んでいたのですが、弟たちもまた競って「運が悪いの巻」の応酬。こんなことしてたからぼくはリアル運が悪い男になってしまったのでしょう。

そんなこんなで、軍事系プラモデル、怪獣消しゴム、鉄道模型……どれもみな兄たちの「趣味のおさがり」をついばみながら過ごしていたのですが、独自の道のりを歩み始めたのは小学生の高学年あたりからだったでしょうか? 音楽趣味は今さらいうまでもありませんが、いきなり「江守徹」にハマったり、講師のしゃくれ顔が独特、というだけでNHKハングル語講座を毎週録画して眺めたり(習う気ゼロ)。そう、その梅田博之という教授のモノマネも得意としておりました。無論だれに披露するでもない「おひとりさまモノマネ」です。

またまた関係ないお話ばかりですみません。エドさんから「弟はオレに感化されてギターを始めた」というくだりにおいて、かくも男兄弟は兄の真似をしたがるものなんだなぁと懐かしく感じた次第。その言葉の端々には、小競り合いを繰り返しながらも情の通い合った、北山たけしと大江裕とはまた違う絆を感じます（当たり前か）。

「そうだ、京都に行こう」的情緒によってモト冬樹さんにお会いしたいと思ったのは、自然な流れだったのかもしれません。

「はぁ。モトさんですかぁ。いいんですが、ちょっと高そうですねぇ」

って人を値踏みすんなっ。しかし山中さんにとって物事はまずフトコロの算段です。杉良太郎さんは初対面の人物に対しまず頭から足先までを目でひとしきりなめまわして何らかの〝値踏み〟をすると聞いたことがありますが、山中さんは至極単純、お金です。

「いや、ここはぜひお願いしましょう。弟から見たエド山口。これを欠くことは、例えばペヤングソースやきそばのタレをかけたあとに湯引きをするような重大失態につながりかねません」。

果たして山中さん、その日から朝のメンタイコの切断面を五分の二ほど短く刻むことで自分を納得させ、モト冬樹さんの招聘に踏み切りました。

待ち合わせは桜新町。山中さん、ビート社長と向かう道すがら、サザエさん一家の波平像の頭の毛がそこだけハリガネ状のものに切り替わっているのを見ました。度重なる不届き者によるたった1本しかない髪の毛への執拗な暗殺に業を煮やした町からの暖かな対応です。そうまでしても1本の髪の毛を守る行政。髪の毛が少ないということはこまで人びとにドラマを生み出すのです。そんな日本を代表する名優「ヅラ刑事」でもあるモト冬樹さん、ホンモノがここジョリーパスタ、通称ジョリパスにお出ましになりました。席につくや、どことなくマカロニウエスタン調の店内に優しいイヌワシのような風情のモトさんが調和しています。かっこいい。

ちなみに山中さんの頭皮は、「もう終わった物語」です。悪しからず。

モト冬樹

言わずと知れたエド山口の実弟。
1951(昭和26)年、東京都豊島区巣鴨出身。高校を出て、受験浪人時代、エド、グッチ裕三とバンド結成。その後、グッチらと結成したビジーフォーで人気沸騰。現在はミュージシャンだけでなく、俳優、声優としても活躍。

「石橋を叩く前に渡る」兄と「叩いても渡らない」弟

タブ　きょうは、最もよく「エド山口」を知る人物として、モトさんにお話を伺いたいのですが。

モト　そりゃ、よく知ってるよ、どういうわけかアニキだから（笑）。

タブ　子供時代から仲は良かったんですか？

モト　二人兄弟の長男と次男で、ケンカばっかりしてたね。アニキは最初の子で甘やかされて育ってきてるだろ。性格が優しいっていうか、どこかのんびりしてるのよ。その点でオレは、アニキの行動を見て学ぶタイプで、けっこうちゃっかりしてる。アニキが「石橋を叩く前に渡っちゃう」タイプなら、オレは「叩いてもなかなか渡らない」。性格が違うからぶつかるよね。なぜかオヤジは、どちらかといえばアニキをかわいがって、オフクロはオレをかわいがってた気はする。オレも、できるだけオフクロには嫌われないようにしてたけど。

タブ お互いの性格は大きくなっても変わらない？

モト 世の中に出て行った時も、「おいアニキ、大丈夫かな」と心配だった。自分で道を切り開いていくっていうか、医者になれってずっと言われて、医大にも入れずに、ぜんぜん違う方に行っちゃったからね。

タブ 結局、弟のモトさんも巻き込まれたわけですよね。

モト オレが中学の頃、アニキがギター始めててベンチャーズに夢中になってた。それでベンチャーズのレコードを流しまくってたんだな、家で。オレも聴いてて思ったんだ、「あ、このギターの音を出したい」って。

タブ エレキギターでないと出せない音ですか。

モト そう、エレキギターで出したかった。オレ、アニキの影響もあって、まずサイドギターやったの。練習したよ。高校入ったあとは、一日5時間くらいやった。

タブ 食べる時間も削ってとか？

モト はっきり言って、高校生としちゃ、他のヤツよりうまかった。ムチャクチャ練習してたから。ベンチャーズやったり、寺内さんやったり。インストゥルメンタル好

七五三の時。エドさんの髪型に白木みのるの影響が見てとれます。

ブルーエンジェルを解散したばかりの頃。エドさん、変な教材売りつけるセールスマン？

きでさ。アニキの方は、やっぱりバンドやるようになって、横浜通ってた。

タブ もうエドさんはプロのバンドに入ってたんですよね。

モト ベースでさ。よく飛び込んでいけるなと、そういうところにビックリしちゃう。オレはできない。オレは親に抵抗しないタイプだったから、ただ、ギターやってるうちに、ギターがうまくなるにしたがって、どんどん成績落ちてった。

タブ 医者になる気は？

モト ぜんぜんねーよ。なれないと思ってたし、勉強してないから。親のために慈恵医大1校だけは受けたな。どうせ入れるわけない。オフクロが、大学の先生のところに頼みに行ったら、「コネは最低60点は取らないと効きません」てピシャリと断られたって。それでも、オレがテレビに出るようになるまで「病院を継いでほしい」ってオフクロは言い続けてたよ。何なら女子医大の前に行って「女医のタマゴ」をナンパして来い、開業の道具は全部揃ってるって。後で、『徹子の部屋』でその話したら、わざわざ徹子さんが「女子医大のコ、集めるから、ナンパしなさい」って呼んでくれたよ。そこまでやるか、って（笑）！

タブ お母さんの悲願だったんですね。

モト　考えてみたら、オヤジもエラいよ。ウチ、産婦人科だろ。水着審査で選ばれるようないい女ばっかり来るんなら医者もいいだろうけど、近所のおばちゃんだよ。それでもさ、今でも巣鴨の地蔵通り商店街とか行くと、「あなたのお父さんにとりあげて頂いて」なんて感謝してる人たちがまだいる。産婦人科エラいよ。人と人の命をつないでるんだもん。それに比べりゃ、芸能人なんて大したことはない。

兄弟一緒は続かない!?

タブ　でも、選んだのは医学の道ではなくて、ギターだったんですね。

モト　まあね。それで、ずっと子供の頃から同じクラスだった（グッチ）裕三も浪人してたし、「なんかやろうよ」って声かけたの。渋谷に「ジャンジャン」て有名なライブハウスがあって、そこのオーディション行ってみるかってなって、名前も決めてなかったからね。あのころ、デュエットだと「ヒデとロザンナ」と「Kとブルンネン」が出てた。じゃあ、「ヒデとブルンネン」でいこう、って、受けたら通っちゃった。それ見て、ウチのアニキが「お前ら、オレのバンドに入んない?」誘ってきて、そりゃバンドやりたいからOKに決まってるじゃない。

タブ それ以前にはバントはやってなかったんですか？

モト 高校時代はずっとやってたよ。オレが高校の頃はGS真っただ中だから。浪人中にバンドやるのも抵抗なかった。裕三がヴォーカルで、オレがギター、アニキがベースで、ドラムも呼んできて。

タブ メンバーもすぐ揃ったんですね。

モト 六本木で、「クレージーホース」ってナイトクラブの隣のビルの地下にあった「タートルクラブ」って店で、いきなり出演者決めるオーディションに通っちゃった。高校出たてでしょ、そんな人間が外人のバニーガールがいる店入ったもんだから、ビックリしちゃった。ところが、「年が若すぎる」って店から後でクレーム来ちゃった。しょうがねぇから、裕三なんか、無理してヒゲはやしてフケて見せようとしたり。1カ月か2カ月くらいはいたのかな。対バンで、交替して出るピアノトリオに意地悪されたよ。バンドが交替する「チェンジ」では、両方が同じワルツの曲をやりあうんだけど、向こうはガキだとナメてかかって、わざと難しい曲選んで来たり。こっちは弾けるわけなくて、アニキなんか、スキャットで胡麻化してたな。

抱腹絶倒。勉強になる二時間でした。

タブ　ブルーエンジェルの頃ですね。

モト　いろんなオーディション行った。オレ、よく覚えてんのが、ソウルフル・ブラッズ。オーディションで、こんなにうまいのがいるのかってぶっ飛んだ。

タブ　ドラムは、後にアリスに入った矢沢さんですよね。

モト　そう、キンちゃん。オレが見た時はキンちゃんがやってた。もうオレたちがやってた音楽とはレベルが違ってた。そこまでやるんだ、って驚いた。

タブ　対バンで？

モト　いや、「タートルクラブ」のオーディションで見かけたり。

タブ　仕事は入って来たんですか？

モト　アニキがバンマスで、けっこう仕事取ってきて、渡り歩いた。横浜桜木町とか、六本木とか、昔はハコで入って、1時間ステージ3回とか深夜なら5回とか、オリジナル曲じゃなくて、当時、ハヤってた外国の曲やったりするの。踊れる店で、ゴーゴークラブってほどじゃなく、それモドキくらいの。

タブ　活動は順調だったんですね。

モト　そうもいかない。兄弟でやるって、キツいんだよ。ケンカばっかりになる。もし兄弟じゃなかったら、バンマスの言いつけには、「はい」って素直に従っても、アニキだと思うと、「エーッ、違うだろ」となるみたいな。それに、アニキとバンドやってた頃って、アニキがちょっと「お笑い」っぽいことをやるのがイヤだったのもある。若かったのよ。なんで音楽だけやんないのかといつも思ってた。だいたい兄弟でやってて仲いいの、見たことないよ。

タブ　みんな、仲悪い？

モト　でも、ビリー・バンバンなんか、仲悪かったのに、50過ぎて、親御さんが亡くなったあとに仲良くなったって話も聞く。ピーナッツみたいにずっと、仲良しもいるか。

でもね、兄弟って、仕事でもどうしても「身内の甘え」が出てくるから、ケンカになる。

タブ　エドさんを、どう呼んでたんですか？　「お兄ちゃん」か、「アニキ」か？

モト　覚えてない。とにかく一緒に仕事はダメだと思った。で、結局、ウチのアニキだけ除いて活動を続けるみたいになっちゃった。別なベース入れて、ずっと裕三とやってた。アニキとはここで離れた。

タブ　ケンカ別れではないんですか？

モト　そこまではいってない。アニキが悪いってわけでもないけど、結果的にはアニキだけ退いてもらうようになった。それでしばらくやってから、オレはピープルに行って、裕三はスリーチアーズに行った。

異質の声がハモった時のコーラスは迫力満点

タブ　その後のエドさんとのお付き合いは？

モト　あんまりなかった。アニキが望チャンと結婚した後に、増えたかな。そういやさ、望チャンは、とにかく行動力とバイタリティがあって明るいし、ホント、いいコ。ウチのオフクロは厳しい人なのに、喋ってても、ぜんぜん気にせずに一緒に笑ってたりするんだから、「このコはスゲー」って。アニキにピッタリだと感心した。その後かな、オレ、59で結婚したじゃない。それから頻繁に行き来するようになった。

タブ 今でも続いてるんですか?

エド 正月になると、アニキの家に行ったりね。今は仲がいい。あ、でも30年近く前に、東京ドンバーズって組んで、一緒にCD出したな。サザンのドラムやってる松田さんがプロデュースしてくれて、GSを今風にアレンジしたアルバム。メインで出したのが平田隆夫とセルスターズの『悪魔がにくい』のカバー。やってて楽しかったけど、ぜんぜん火がつかなくて。ただ、不思議なことに、兄弟だから、自然にハモれるんだよね。

タブ ビリー・バンバンさんなんかも、そうみたいですね。

モト もっともね、声質がぜんぜん違う裕三とやってたりするとわかるんだけど、違う声がぶつかり合って一つになった方が魅力あるんだよ、コーラスって。オレとアニキみたいに同質の声もキレイにハモれるけど、それより、違う声で違う感情で出た

東京ドンバーズとして二人でCDも。「今晩サービスDAY。ボトル半額ョ」と金髪が耳打ち？

声が一つになった時のがスゴいわけ。やってみてわかるんだ。日本のコーラスって歌謡コーラスでも何でも、相手に合わせて声を同じにしようとするけど、アメリカとかのコーラスはそうじゃなくて、思いっきり自分の声を出してぶつけ合う。それでハモッた時の幅の広さは迫力ハンパじゃない。

タブ　それが結実したのがビジーフォーですね。

モト　ただ、裕三、メチャクチャ不器用なの。1曲覚えんのに1カ月かかっちゃう。オレなんか2日で覚えんのに。練習も付き合わされて大変だったよ。でも、時間かかるだけのことはあるんだよ。オレは、要領はいいんですぐ頭入るけど、「軽い」のよ。裕三は一つ一つが「重い」。お客さんに訴える重量感があるのよ。

タブ　エドさんは？

モト　アニキは「早い」というより、マニアック。どうでもいいような、必要じゃないことをすごく覚えてる。あいつと一緒にバンドやってた時、こうだったとか。松村邦洋と同じ。彼も役に立ちそうもないことをやたらと覚えてる。何年何月にあのシングルが出たとか、アニキは無駄に記憶力がスゴいのよ。

アニキは絶対に「ひとり」が向いてる！

タブ　80年代は、エドさんとモトさんの活動はまったく別々だったんですよね。

モト　オレがローズマリーにいた頃は、ウチのアニキはピンで『お笑いスター誕生!!』に出てたりしてたな。性格的には、オレはグループでやりたいし、人と組んで漫才やコントもやりたい。ウチのアニキはピンがいい。協調性があるとかないとかじゃなく、ピンじゃないとなかなかアニキの良さは出ないのよ。だから『お笑いスタ誕』でピンで出た時は、絶対これがいいと思ったもん。

タブ　でも、今でもバンマスやってらっしゃいますし、ブルーエンジェルではリーダーだったんですよね。

モト　優しすぎるのかな。まわりの細かいことに気を使い過ぎる。リーダーって、もっと強引に「オレが決めたことは、口答えするな」みたいなところがないとうまくいかないのかもね。気を使うってところじゃ、アニキはたとえばテレビ番組でも、MCに振られて喋ったりすると面白い。けど、誰かが喋っているところに切り込んでったりするのはできない。「さあ、お話しください」と場を与えられて本領発揮できるタイプ。だからピンがいい。

タブ　ラジオのＤＪでもそうですね。

モト　ウチのアニキは「ひとり」が合ってる。別にワンマンなリーダーがいて、あーだこーだ言われたりするのは受け入れないだろうな。その点、オレなんか小学校で野球もやったことないのに、みんなで野球チーム作ろうとしたくらい。同じユニフォームが着たかったのよ。みんなで一つの目標に向かってくのが好きだった。アニキは違う。マイペースっていうか、我が道を行く方でさ。不思議なのは、酒飲みだしたのが40過ぎで、その前は一滴も飲めなかったのよ。普通逆じゃない。若い頃は浴びるほど飲んでても、年取って弱くなるとか。真逆。まわりに合わせない。

タブ　今なら、お二人でもよく飲む?

モト　あんまりない。アニキの家行った時は飲むけど、オレはそんなに飲まない。アニキはずっと飲んでるな。ただ、そう頻繁に行くわけじゃないし。

タブ　モトさんは、釣りは?

モト　オレは釣りはまったくやらない。みんな、釣りってのんびりしてる人が向いてる

モトさんのお話には深い含蓄が。

と思うでしょ。とんでもない。細かいのよ、実は。エサだ、竿だって、もう大変なの。ウチのアニキはO型ですごく細かい。オレはB型で、どうでもいいとこと細かいところを分ける。

タブ　ぼくもB型です。

モト　じゃ、違いはわかるな。オレは釣りじゃなくてゴルフ。これも世の中、ゴルフの方がカネかかるように錯覚してるけど、とんでもない。本気でやったら釣りのがずっとかかる。エサ代、竿代、釣り場までの交通費、船なんかチャーターしたり、島に行ったりすればその代金までかかる。眠いの我慢しながら、離れ小島で夜中まで釣りやってるとか、意味わかんないよ。怖いし、体もツラいだろ。

「ピン芸人」として貫いてほしい！

タブ モトさんがビジーフォーでブレイクした頃は、エドさんも、「オレよりあいつのが売れてる」っていう引け目があったそうですが。

モト それはこっちはわからないよ。あの時期は、あんまり会わなかったしね。でも、テレビで売れてるからって、永遠に続くわけじゃないし。

タブ エドさんが東京ベンチャーズでライブ活動を続けていることはどうお感じですか？

モト あ、どっちかっていうとアニキは「伝統芸」みたいなことをしてるな、と思うよ。あの東京ベンチャーズも、ギターがうまいとかヘタとかじゃなくて、いかにベンチャーズそっくりにコピーできるかに力入れてる。オレにとっては「どーでもいいじゃねぇか」ってところに、こだわる。それもアニキらしいのかな。

タブ YouTubeの活動についてはどうですか？

モト　YouTubeについては、オレも一応やっているけど、コロナでライブがすっ飛んで、暇な時間もできたんで、とりあえず練習してる動画くらい流すか、って軽い気持ちで、編集もしてない。アニキの場合、あれは「水を得た魚」だよね。一番得意なひとり喋りでやってけるし、望チャンがぜんぶ編集して、ちゃんと作ってる。

タブ　昭和の音楽シーンを語る上でも貴重な証言ですもんね。

モト　そうなんだよ。だからサザンの桑田くんも、あれ見て「面白い」って喜んでくれる。昭和ってさ、インパクトあったよね。音楽でも何でも、どこかで気に入った曲があれば、足使って探し回んなきゃならなかった。またその過程が楽しかったのよ。ネットもスマホもなくても、探す楽しみはかえって大きかった。アニキのYouTube『Oh! エド日記』には、その楽しみが溢れてんだよね。

タブ　今後、エドさんに望むこととかはありますか？

モト　お互い、年を取っても出来るだけ長く自分で歩けて仕事もそこそこ出来る年寄りでいたいな、ってことくらいかな。年の順とは限らないから、こっちが先に逝っちゃうかもしれないけどね。まあ、アニキはマグロと一緒で動き回って、喋り続けていないとダメ。止まったら終わりなんだ。そういう意味じゃ、YouTubeなんて場があってちょうどよかった。だから「ピン芸人」として、やれる限り、どうでもいいような話を語りまくってほしいな。

◆◆

挫折力。ご兄弟の共通項として、まずそんな言葉が浮かびました。昨今、親が築いたエリート街道をつまずいて踏み外し、そんなことくらいで「俺にはもう生きてる価値がない」などと無関係の人達を傷つける大馬鹿者も珍しくない世の中になってしまいましたが、お二人は医者を継げなかったという挫折があったからこそ、実に自分らしい、素敵な人生のリフを刻まれてきたのです。

いや、お二人は挫折なんてことすら思ってないのかも。この世はもともと紆余曲折で出来ていることを、早いうちから音楽の仕組みによって理解していたのかな。

モトさんもまた、優しさの中に不良性が絶妙にからまる、よっちゃんイカでいえば鱈の擂り身とゲソの比率くらいのマイルドさをもって実に味わい深い、心に迫る逸話のオンパレードでありました（オレはのしイカか！　と架空モトさん）。

アニキは一人が似合う、チームプレーが好きなオレとは正反対とモトさんは分析されていましたが、そんなモトさんもまた、ひとしきり喋り、笑わせたあとの照れ臭いような後悔のようなほろ苦い仕草がお兄さまそっくり。やっぱり「ひとり」という洞穴をムジナのように大事に抱えていらっしゃるのがよくわかりました。

うん、帰り道の似合う、カッコイイ兄弟だなぁ。

むじな丼がふと食べたくなってきました。あれなかなか蕎麦屋に置いてないんだよなぁ。山中企画の本も書店になかなか置いてないんだよなぁ。でも夢のご兄弟揃い踏みにて、この本は自分の中で「完食」できた気がします。モトさん、ありがとうございました。

◆あとがき・
エド山口という人生の釣り人

数年前、急に釣りがしたくなって、ひとり遊園地内にある釣り堀に行ってみたことがありました。

それにしても「釣り」ってなんだか乱暴なネーミングです。例えば「ホキ徳田」ならホキ、「メイ牛山」ならメイ、近しい仲間うちならそう呼んだことでしょうが、土台そこには正式名称あってのこと。初体験なのに軽々しく釣りなどと言っていいのでしょうか？　昨今ブームのジャニー喜多川のように初対面にして誰彼となく「ユー」と呼ぶのはおかしいのではないか？　私は何を言ってるのでしょう？

そんな思いをバケツにたずさえての釣りでしたのでいやな予感はしていたのですが、果たして、こんな男の竿にもひっかかる魚がいたのです。いや、釣りに来たのだから、それはいいことなのかもしれませんが、その彼、ニジマスは地に打ち上がるや激しく身悶えしていました。あぁ、お散歩中すみません。これだけでも罪悪感のアメアラレだったのに、その口にプスリと絡まったS字型の針、これがなかなか取れないのです。しまいには己の指も負傷するに至り、不意に始まった「人類と魚類のコラボ輸血ショー」のような有り様に。針がついに取れた時、ぼくはニジマスのぬめぬめした肌に抱擁したことは言うまでもありません。

かように、ぼくは釣りに向いていないのでした。

エド山口さんは芸能界きっての釣り名人と聞きます。その職人芸を見たことはないけれど、エドさんならきっと瞬時に針を抜くことでしょう。そして、それを食すなら素早く楽にさせてやるだろうし、食さないなら「悪かったな」と囁きそっと海にリリースしてあげるはず。

そう、エド山口さんは、この世の摂理を知った真の釣り人なのです。人生には華やかな釣果に恵まれる日もあれば、日がな一日ぼーっと座ったままで終わることもある。組織に属する社会の歯車ならば、さほど波風に左右されることはないのかもしれませんが、その落差が顕著な芸能界においては、釣り人たる宿命がカマボコのように板についてなければやってられません。エドさんはそのカマボコを切り身にわさび醤油を添えて「板わさ」として付き出しにする域にまで達した、そんな粋な暖簾なのです。その暖簾は勿論、渋みがかったエド染色の布地で出来ています。

というわけで、行きつけという経堂の素敵な割烹にて、エドさんと初めて盃を交わし、次々と流れ着く帆船のような小皿料理に舌鼓を打ちつつ、最後の一頁が晩夏の夜風に吹かれました。ここでも我々に気づかないように、サッと会計を済ましてくだったエドさん。

…ってここ払いなさいよ山中企画！　我々ビンボー船宿に釣られてしまった被害者エドさんですが、やはり最後もまた、さりげなく釣り人となって、ララバイ色の海にリリースしてくださったのでした。サンキューフォーエドさん。季節の足音、心で聞きながら……。

エド山口

１９４８年東京都生まれ。父は開業医。後を継ぐべくいくつかの大学医学部を受験するが、すでにバント活動を始めていたのもあって、すべて不合格。和光大学、成城大学を中退し、実弟のモト冬樹、その友人のグッチ裕三らとソウルバンド「ブルーエンジェル」を結成。

その後は、六本木などで弾き語りとして活動するが、１９８２年『お笑いスター誕生!!』（日本テレビ系）で８週勝ち抜き、以後、タレント、ＤＪ、ミュージシャン、俳優など、多方面で活躍。また芸能界一の「釣り人」としても知られる。YouTubeで配信中の『Ｏｈ！　エド日記』は、昭和のＧＳや歌謡界の裏話が聞ける貴重なチャンネルとして、プロのミュージシャンの間でも根強い人気を誇る。

タブレット純

１９７４年神奈川県生まれ。幼少期からＡＭラジオを通じて古い歌謡曲やムードコーラス、ＧＳなどに目覚め、中古レコードのコレクターとなる。高校卒業後、古本屋、介護職などを経て、27歳でムードコーラスの老舗・和田弘とマヒナスターズに「田渕純」の芸名でヴォーカルとして加入。和田弘が逝去してマヒナが解散した後は、歌手として活動しつつ、寄席、お笑いライブにも進出。現在は「ムード歌謡漫談」という新ジャンルを確立して、テレビ、ラジオなどで幅広く活躍している。

タブレット純の日本芸能イジン伝・その①
おひとりさま芸能人　エド山口に訊く！

2023年11月20日　初版発行

著　者◆タブレット純

発　行◆（株）山中企画
〒114-0024 東京都北区西ヶ原3-41-11
TEL03-6903-6381　FAX03-6903-6382
発売元◆（株）星雲社（共同出版社・流通責任出版社）
〒112-0005　東京都文京区水道1-3-30
TEL03-3868-3275　FAX03-3868-6588

印刷所◆モリモト印刷
※定価はカバーに表示してあります。

ISBN978-4-434-32996-8　C0073

Fin